QUEM QUER COMPRAR UM TÚMULO?

As lições de negócios do mais destacado empresário do segmento funerário do Brasil

Jayme Adissi

QUEM QUER COMPRAR UM TÚMULO?

As lições de negócios do mais destacado empresário do segmento funerário do Brasil

editoraurbana

Direitos em língua portuguesa para o Brasil:
Editora Urbana
www.matrixeditora.com.br

Edição:
Priscila Sérvulo/PS Comunicação (depoimento a Cristina Ramalho)

Capa:
Marcela Nascimento Meggiolaro

Diagramação:
Darlene Fernandes Escribano

Revisão:
Alexandre de Carvalho

Dados Internacionais de Catalogação na Publicação (CIP)
SINDICATO NACIONAL DOS EDITORES DE LIVROS, RJ

Adissi, Jayme
Quem quer comprar um túmulo? : as lições de negócios do mais destacado empresário do segmento funerário do Brasil / Jayme Adissi. - São Paulo : Urbana, 2010.

1. Administração de empresas. 2. Sucesso nos negócios. I. Título.

10-5088. CDD: 658.4013
CDU: 658.012.48

Dedico este livro a Dora, minha companheira
desta viagem, a quem devo a coragem e a força
para acreditar e prosperar neste segmento.

A Gisela, Letícia e Gustavo, cujas existências
dão significado à continuidade
deste empreendimento e do maior deles:
a vida.

A duas mulheres fortes: Mena e Mara.

SUMÁRIO

Morre lentamente quem não viaja
Quem não lê, quem não ouve música
Quem destrói o seu amor próprio
Quem não se deixa ajudar
Morre lentamente quem se transforma em escravo do hábito
Repetindo todos os dias o mesmo trajeto
Quem não muda as marcas no supermercado,
Não arrisca vestir uma cor nova
Não conversa com quem não conhece.
Morre lentamente quem evita uma paixão
Quem prefere o "preto no branco" e os "pontos nos is"
A um turbilhão de emoções indomáveis
Justamente as que resgatam brilho nos olhos,
Sorrisos e soluços, coração aos tropeços, sentimentos.
Morre lentamente quem não vira a mesa quando está infeliz
no trabalho
Quem não arrisca o certo pelo incerto atrás de um sonho

Quem não se permite, uma vez na vida,

Fugir dos conselhos sensatos.

Morre lentamente quem passa os dias queixando-se da má sorte ou da

Chuva incessante, desistindo de um projeto antes de iniciá-lo

Não perguntando sobre um assunto que desconhece

E não respondendo quando lhe indagam o que sabe.

Evitemos a morte em doses suaves, recordando sempre que estar vivo

Exige um esforço muito maior do que o simples ato de respirar.

Estejamos vivos, então!

Martha Medeiros

1

PELA HORA DA MORTE

"Sua mãe morreu, mas eu não vou dar atestado de óbito, não, ela já chegou aqui morta. Arrume outro médico" – e foi assim, pasmo diante da insensibilidade de um doutor desconhecido num hospital qualquer que eu me sentei numa cadeira sem saber o que fazer. Por onde começar? Onde arrumaria um médico àquela hora? Grudei no telefone, tentei conversar com amigos, e só depois de um longo momento de indecisões fui me lembrar de que o meu irmão é médico. Claro, estava confuso. Eu, Jayme, o proprietário de uma funerária, dois cemitérios e um crematório, com uma equipe pronta para resolver os problemas dos clientes, estava perdido. Completamente perdido. Quando é a mãe da gente quem morre, como ter a cabeça fria?

"Quando um homem está cansado, quando a vida o encheu, é que ele vê o inesperado" – dizia o escritor Paulo Mendes Campos. Sim, as ideias surgem nos momentos mais improváveis, ou por causa deles.

Senti na própria pele os problemas comuns dos meus clientes que, emocionados demais, acabam exaustos e sem rumo, com tantas providências a tomar. Foi então que, passado o momento mais difícil, depois de resolvidas as questões práticas, sentei, cansado, e enxerguei o inesperado: ali estava uma chance de aprimorar mais ainda o meu serviço. Se eu já me preocupava com a atenção a cada detalhe, resolvi ampliar a oferta de novidades, proporcionar extras que fazem toda a diferença – como deve ser uma empresa que se preza. Entender quais as estratégias e mercados mais promissores para buscar o cliente, quais os desafios que um empreendimento precisa enfrentar.

Assim, na prática, reforcei a minha crença em como deve ser trabalhado o segmento funerário: com todos os atributos que um *business*, em qualquer setor, deve ter para se destacar. O que começava a se desenhar, para mim, quando percebi um novo jeito de pensar o meu negócio, era mais do que a profissionalização de um serviço. Era um conceito de marca. Uma filosofia de trabalho, mais humana, de atender o cliente de forma completa. Construir uma assinatura única na prestação de um serviço tão importante para todas as pessoas.

Porém, o fortalecimento de uma marca no segmento funerário exige uma qualidade anterior a qualquer outra relacionada ao tema, ou seja, a perda da vergonha, da timidez, do sentimento de ser esse setor uma espécie de patinho feio dos negócios, o que ninguém quer. Afinal, quem quer comprar um túmulo? Quem quer pensar na própria morte? Quem quer trabalhar diretamente com os assuntos relacionados a ela no dia a dia? Essa era a chave para o início da criação de uma marca de valor: podemos, sim, virar cisnes, se encararmos com profissionalismo o atendimento ao cliente nesse momento, e as especificidades que ele exige. Ver o negócio como uma oportunidade, e não como uma falta de oportunidade.

Numa análise de uma conhecida consultoria de marcas, a Interbrand, são destacados os principais tópicos para uma empresa ter sua marca reconhecida:

- Tratar suas marcas como ativos de valor.
- Ter um claro entendimento sobre como funcionam suas marcas.
- Ter uma gestão eficiente.
- Ter uma estratégia consistente, de longo prazo.
- Ter envolvimento forte de seus empregados.
- Inovar, criar demanda.
- Ter um alto poder de adaptação a diferentes mercados, consumidores e momentos econômicos.
- Pensar sempre além, de acordo com as motivações do consumidor.

Meu negócio é uma empresa, como qualquer outra. Portanto, tenho de pensar numa estratégia de gestão da minha marca. Assim, atento ao mercado de negócios, e com o apoio de minha mulher, e anos mais tarde das minhas filhas e do meu filho, fui ao longo dos anos enfrentando o desafio de criar uma imagem consistente no segmento funerário. Comecei meio intuitivamente, com minha formação de administrador de empresas, meu olhar ao que estava ao redor. Aos poucos, fui percebendo que a falta de tato com a clientela é a maior falha desse tipo de negócio. Como aconteceu comigo, comunicado sobre a morte da minha mãe por um médico insensível e apressadinho, tanta gente padece dessa insensibilidade em efeito dominó. É o sujeito que vai enterrar o pai e o empregado da funerária aparece com uma fatura a ser paga. Ou a mulher, chorosa, que escuta um comentário prático demais do sepultador, do tipo: "o caixão não vai caber". São muitas as histórias de quem sofreu com reações insensíveis, no momento em que mais precisava de apoio.

Quando eu comecei a empreender nesse segmento, em 1973, a realidade era ainda mais difícil. Não havia modelos de gestão, não havia cursos, não havia qualquer orientação específica para esse setor. Como treinar uma equipe de vendas de túmulos? Tarefa nada fácil! Não havia regras ou cartilhas. Tudo tinha de ser desenvolvido e planejado a partir do conhecimento que tínhamos de outros mercados. Hoje, 30 anos depois, com a profissionalização do setor e com sua organização política – da qual participei e participo ativamente –, a gestão de negócios no segmento funerário já conta com novas ferramentas.

Porém, quando me deparei com um terrenão em Guarulhos, predestinado a se tornar um cemitério, a minha realidade era outra. Minha vida era no Rio de Janeiro dos anos 60, Leila Diniz, Ziraldo, Millôr, Tom Jobim animando a cena. Ipanema fervendo. Eu morava no Rio nessa época dourada, e tocava um restaurante francês na rua Joana Angélica, junto à Visconde de Pirajá. Namorava a Dora, linda, 20 anos, que trabalhava na Bolsa de Valores. E eis que o destino me envia uma oportunidade, digamos, curiosa. Uma tia havia comprado um terreno, em Guarulhos, e apostava em um cemitério para o novo empreendimento. Só que havia muito a ser feito. Assim, ela me pediu que mudasse para São Paulo e ajudasse a tocar o negócio, propondo uma sociedade.

Dora e eu nos olhamos, e, para falar a verdade, eu quase disse não. Mas ela é uma mulher determinada e forte, e também firme no que quer, e me perguntou, docemente, como costuma fazer: por que não? Se não desse certo, a gente sempre poderia voltar. Lá fomos nós! Resolvemos nos casar, e os amigos disfarçavam a preocupação, mas no ar se anunciava o óbvio: como alguém, mais ou menos são, poderia trocar Ipanema por um cemitério em Guarulhos? O que será desse casamento? Fiz as malas, o coração oscilando entre a incerteza, a saudade de casa e o medo do futuro. E aqui chegamos, no começo da década de 1970. Dora, de mãos dadas comigo. No sentido literal, amorosa, cuidando de mim, da casa, sempre ouvinte. No sentido figurado, disposta a trabalhar ao meu lado, pronta a ajudar e muito perseverante. Quando eu ameaçava desistir, lá vinha ela: "Vamos esperar só mais um pouco para ver o que vai dar".

A princípio, veio o susto. A ideia era construir um cemitério-parque, bonito, moderno. Os cemitérios do tipo parque acabavam de despontar no mercado, a exemplo dos norte-americanos. Em São Paulo, o primeiro a seguir esse estilo despojado, que não revela em túmulos grandiosos o papel do falecido, foi o Cemitério da Paz, no Morumbi, inaugurado em 1965. Por enquanto, ali em Guarulhos, o que havia era um terrenão demarcado. Nem grama cuidada, nem jazigos. Só que a Dora e eu olhamos ao redor e tiramos a lição imediata: um cemitério poderia, sim, ser muito lucrativo, e merecia um olho esperto na direção, outro nas vendas. Com o tempo, nossa intuição mostrou-se realidade. Arregaçamos as mangas e começamos a trabalhar.

Bom, nem tudo foram flores nessa história. Nos primeiros tempos, sem dinheiro ou perspectiva, o vendedor era eu mesmo. Saía naquele calor de janeiro, apertado num terno com colete, bem anos 70, dentro de uma Brasília – quando eu não estava vendendo, estava cobrando pagamentos atrasados. Era uma vida dura: com o guia da cidade nas mãos, a Dora e eu íamos até o endereço do sujeito que comprou o jazigo para receber o pagamento. Às vezes a pessoa não tinha, ou não parava de chorar porque havia perdido alguém próximo. Quantas vezes recebemos o dinheiro da venda e saímos dali direto para a feira, o mercado. Era para a nossa subsistência. Minha vontade era pegar a pastinha e voltar correndo para o Rio.

Nós trabalhávamos numa portinha com cara de funerária de interior, tentando vender jazigos de um cemitério que nem pronto estava. Aquilo era para vendedor desses que a gente vê em filme. Quando levávamos o cliente ao local, ele via apenas um pedaço de terra e uns operários trabalhando. Tínhamos a maquete do nosso projeto, os planos bem delineados, só que ainda assim era tudo muito cru, tudo no começo. O cemitério era feio, não tinha asfalto. Um produto de dificílima aceitação.

Além do mais, eram vendas de pronto-atendimento. Minha rotina era como a de um médico em plantão de pronto-socorro. Se morresse alguém, vinham me chamar, pedir um jazigo, e eu atendia na hora. Não preciso dizer que quase todo mundo escolhia morrer nos finais de semana. Nessa época nem o telefone ajudava: para fazer uma ligação de Guarulhos para São Paulo, um interurbano, era preciso pedir à telefonista. Mesmo assim, esse início, de certa forma rudimentar, não impedia nossa vontade de crescer, fazer algo diferente. Queríamos mudar. Acreditávamos no nosso negócio.

E, sim, fomos crescendo. Contratamos mais vendedores. Boa parte deles era de imigrantes chilenos e argentinos, refugiados da ditadura que assolava os seus países. Vinham para cá sem nada, mas tinham formação profissional incrível: eram engenheiros, professores universitários, pessoas finíssimas. Mas havia a barreira da linguagem. Imaginem vender jazigos, num cemitério desconhecido, semipronto, em portunhol. Ainda assim, conseguíamos.

Bom, até o cineasta Hector Babenco já foi vendedor de jazigos. E provavelmente começou falando em portunhol. Quem era a nossa clientela? A classe média local e muitos japoneses, lavradores da região. Por um período, no começo de 1980, 1981, mais da metade dos nossos clientes era da colônia japonesa. Curioso imaginar meus vendedores falando em portunhol, e os clientes num português oriental. E funcionou, tudo honestamente.

Quando já estávamos com uma equipe boa de vendedores, contratamos um vendedor famosíssimo, quase um personagem de comédia italiana, o Vincenzo Luisi. Ele era especialista na venda de porta em porta – tinha experiência a granel com os carnês do Baú da Felicidade, um sistema do programa Silvio Santos que sorteava prêmios. Luisi vendeu um bocado. Nessa mesma época, nos anos 80, eu cheguei a ter três escritórios em pontos diferentes, que competiam entre si.

Eram, porém, muitas as dificuldades práticas: o controle dos jazigos, por exemplo. Marcávamos os jazigos num mapa, como esses que vemos em filmes policiais antigos, cobertos por alfinetes coloridos. Verde era o jazigo vendido, mas que ainda não estava pronto. Amarelo, jazigo pronto. Preto indicava sepultado. Nem sempre esse esquema dava certo: uma distração e o jazigo vendido não era contado, e precisávamos checar *in loco*, com precisão absoluta, porque não se pode errar nisso. Não dá para enterrar alguém em jazigo errado. E se fosse preciso uma exumação? O controle teria e tem de ser total.

E a papelada? A Dora, que vinha da Bolsa de Valores, cuidava do caixa. Quase enlouquecia. Uma quantidade abissal de papéis, promissórias rodadas num mimeógrafo a álcool para serem assinadas e enviadas ao banco. Logo depois, criamos o sistema de carnê. E do acanhamento nos primeiros tempos fomos nos aprimorando tanto no atendimento quanto na nossa estrutura. No futuro, seríamos um dos primeiros do segmento funerário a nos informatizar, o que ajudou no controle dos jazigos, das finanças, de cada operação na empresa. Em vez dos fichários, as pilhas de papéis, os registros de sepultamento, surgiriam softwares específicos para cemitérios e crematórios, que controlam sepultamentos, exumações e criam jazigos automaticamente.

Então cada mudança, cada novo passo era uma nova lição de como ajustar o nosso foco na clientela. No tempo em que nossas equipes de vendas estavam no auge, eu premiava os melhores vendedores com barrinhas de ouro. Eles vendiam mais e mais. Mas a vida foi mudando, e quando a preocupação com a segurança se tornou prioridade das pessoas e ficou para trás aquela informalidade de bater na porta da casa do cliente, ser recebido com um cafezinho, afagar o cachorro, optamos por uma equipe de telemarketing. Enfim, o mais importante era repensar as estratégias, ter flexibilidade para mudar. Se o país atravessava nova crise econômica, pensávamos em saídas, ou promoções, novas formas de avaliar o nosso produto. Aprendemos a entender como funciona esse mercado, e a partir daí não apenas nos adaptamos às mudanças dos momentos econômicos do país, como às do próprio mercado, que também se profissionalizou e evoluiu muito nos últimos anos. Mais do que isso. Entendemos a importância, como empresa, de antecipar as necessidades dos clientes. De criar demanda.

Assim tem sido nossa trajetória. O resultado? De cinco funcionários em um cemitério, como era no começo, pulamos, em 38 anos, para 150 funcionários em dois cemitérios, um crematório, três funerárias, dois planos funerários. Hoje ainda temos o controle de serviços antes terceirizados, como lanchonete, floricultura, bufê do velório. E ampliamos nossa atuação com os serviços de internet, o apoio ao enlutado, os diferenciais no atendimento que agregam mais valor à nossa empresa. Estendemos nossa filosofia de trabalho à comunidade, oferecendo serviços e colaborando, de alguma forma, na qualidade de vida ao nosso redor.

É essa história de quase quatro décadas de muito trabalho, a construção de uma empresa que criou um conceito na sua área de atuação, que pretendo contar neste livro. Sobre a nossa experiência, que nos mostrou que o setor funerário tem muitos atributos para ser um modelo de negócio diferente, inovador e, claro, com alto potencial lucrativo. E como acontece em todo segmento de prestação de serviços, o grande diferencial deve vir da mistura de inventividade, disposição, calor e solicitude. Da capacidade de resiliência, ter flexibilidade e rapidez na adequação a novos cenários econômicos. Do jogo de cintura. Hoje os novos economistas defendem que os resultados das empresas cada vez mais dependem não apenas dos lucros, mas da sua capacidade de inovação. Sucesso, portanto, está mais perto da criatividade do que da abundância financeira. Nosso *case* de sucesso, acredito, pode comprovar isso. É essa história, a nossa filosofia de trabalho, que vou partilhar com você.

2

SERVIÇO COMPLETO

"Há sempre uma forma de fazer algo melhor.
Encontre-a."

— *Thomas Edison*

Um novo jeito de pensar. Renovar o improvável. Com o tempo, como em qualquer negócio, eu observava o que poderia ser melhorado, o que poderia ser inventado, e fui investindo cada vez mais na tecnologia e na filosofia que deveria marcar o meu negócio: Humanização. Ao mesmo tempo, rumamos à convergência de atuação, uma tendência atual do setor, que busca oferecer a solução completa, ou seja: cemitério, crematório, funerária e plano de assistência funeral. O cliente é o alvo do nosso trabalho, daí a importância de ser atendido em tudo, de forma eficiente. Temos de tentar sair sempre na frente na personalização dos serviços.

Em cada detalhe.

Desde o início, procuramos o que havia de melhor em conceitos de arquitetura para cuidar das instalações do cemitério, buscamos a ciência mais atualizada no trato com o corpo, imprimimos sofisticação ao crematório e cuidamos de todos os serviços ao redor: bufê para velórios, flores, e, na ponta de tudo, o plano de assistência-funeral: assim nasceu um projeto, posso dizer com orgulho, moderno. Logo estendi minha preocupação com a qualidade dos serviços, o tratamento personalizado, a ética nas relações. Hoje boa parte dos cemitérios e funerárias particulares do Brasil oferece serviços de qualidade, ideias mais ou menos criativas, sacadas inteligentes de vendas de planos. Quando comecei, era tudo diferente. Não havia essa cultura na época. Cada um de nós tinha de construir o negócio à sua maneira. Enxergar as melhores oportunidades.

Fato é que os cemitérios e crematórios, como qualquer negócio, buscam a tecnologia de ponta e a excelência na prestação de serviços, e para falar a verdade nem é tão recente essa profissionalização. Desde o início, eu tinha uma meta, e queria muito mais do que a profissionalização do meu serviço. Queria aprimorar o setor como um todo, organizar a categoria. Em setembro de 1979 foi fundada a Acembra (Associação dos Cemitérios do Brasil, hoje Associação dos Cemitérios e Crematórios do Brasil). Eu participava das reuniões e confesso que não gostava, achava a maior perda de tempo. Acontece que aos poucos fui percebendo que a Acembra poderia trazer vantagens a todos do segmento. Aprimorou-se a prestação de serviços aos associados e a entidade cresceu. Começamos a perceber que precisávamos de uma entidade que tivesse mais força. Assim, em outubro de 1991, fundamos o Sincesp (Sindicato dos Cemitérios Particulares do Estado de São Paulo), e fui eleito o primeiro presidente. Como consequência, os funcionários do ramo se organizaram e ajudamos a criar o Sindicato dos Empregados em Cemitérios e Funerárias do Estado de São Paulo. Com a atuação do sindicato, começamos a receber consultas e pedidos de outros estados. Então, em junho de 1999 transformamos o sindicato estadual em sindicato nacional, do qual também fui eleito o primeiro presidente. Permaneci no cargo até 2006, mas foi por um problema de datas, não queria repetir a gestão. Fiz questão de fazer constar no estatuto que cada presidente só poderia exercer a função por duas gestões no máximo. Não porque eu deveria ser o único a ficar mais tempo, não. Na verdade, as eleições variavam de data, e acontecia, às vezes, de um presidente eleito no sindicato estadual ser de um lado, e o representante do mesmo sindicato, na confederação, pertencer a outro grupo; um não defendia os direitos do outro. A forma de resolver esse impasse foi igualar as datas. As eleições para a presidência hoje são alinhadas com a eleição da diretoria da Confederação Nacional do Comércio.

Podemos dizer, aos 30 anos de Acembra e 10 anos de Sincep, que a organização da classe trouxe benefícios a toda a categoria. Recentemente, por exemplo, a falta de cursos específicos voltados a esse setor foi sanada com um convênio entre nosso sindicato e o Senac (Serviço Nacional de Aprendizagem Comercial). O Senac aceitou o nosso desafio de desenvolver um curso voltado a vendas no segmento funerário.

Promovidas por Acembra e Sincep, também há reuniões anuais voltadas a administradores e empresários de cemitérios. Nesses encontros, temos a oportunidade de fazer debates com os pares e realizar reciclagens. Sempre recebemos convidados ilustres, com quem discutimos as mais diversas questões, como sucessão em empresas familiares (o que é bem comum no segmento), marketing e economia. Já recebemos Joelmir Betting, Dora Kramer, Heródoto Barbeiro, o piloto Klever Kolberg, e até mesmo o então diretor de marketing da Tecnisa (empresa de construção civil), Romeo Busarello. São encontros sempre produtivos.

Nas viagens a trabalho, como convenções e feiras, acompanhamos o desenvolvimento de produtos, informações políticas da classe ou leis ambientais. Observamos e copiamos ou adaptamos o que pode ser interessante. Assim como aprendemos com os norte-americanos sobre o cemitério-parque, onde não existem construções acima do solo (que é relativamente novo no Brasil), ou com crematórios, ou técnicas do tipo tanatopraxia, cada serviço tem de ser adaptado com inteligência ao mercado. Também no universo funerário, o que serve para um público nem pode ser cogitado em outro. Curitiba tem 95% de cemitérios privados, e uma população que aceita novidades. Foi a primeira a usar a tanatopraxia (técnica de conservação de cadáveres) no país. O primeiro crematório particular foi criado em Porto Alegre. No Sul do Brasil, a cultura europeizada ajuda a aceitar novos métodos. Nas duas cidades, Curitiba e Porto Alegre, e também no Rio e em Santos existem cemitérios verticais, uma solução americana para a falta de espaço nas metrópoles. Santos foi além: ali foi construído o Memorial Necrópole Ecumênica, o cemitério mais alto do mundo, está no *Guinness Book*. Tem catorze andares, virou atração turística, e existe um projeto para fazer o cemitério "ir aos céus", com 34 andares. Já no Nordeste, muitas das inovações acontecem em Natal, feitas pelo grupo Vila. Eles fazem um velório virtual: transmite-se pela internet e os parentes e amigos que estão longe podem enviar mensagens ou flores por e-mail, ou usar o Memorial Eletrônico. Também exibem um vídeo durante o velório, numa TV de plasma, e entregam depois um CD-Rom para a família.

O fato é que, em comum, todos nós do segmento pensamos no setor funerário como um mercado de atuação conjunta: cemitério, crematório, plano funerário, funerária. É a tendência do setor, assim como a expansão geográfica: se antes empresários possuíam um cemitério num bairro, ou numa única cidade, agora grupos atuam em vários estados, com, digamos, filiais do negócio. Em geral os cemitérios são empresas familiares, mas os conglomerados profissionalizam cada vez mais o setor. Empresas de investimentos já se interessam, e os grupos crescem, se fortificam.

A razão para isso é clássica: é um segmento lucrativo. Nas estimativas, o setor funerário (incluindo flores, urnas, jazigos, serviços de sepultamento, manutenção, exumação, bufê, crematórios, lanchonetes e até o velório on-line etc) movimenta o equivalente a R$ 7 bilhões anuais no Brasil. No primeiro Anuário Brasileiro de Cemitérios e Crematórios, de 2009, foi publicado que só os cemitérios privados empregam 50 mil pessoas. Um mercado que, acreditamos, deve crescer 8% ao ano pelos próximos cinco anos. A minha empresa vem crescendo acima desse patamar.

Quem não é do ramo nem desconfia do alto nível no quesito profissionalismo dos cemitérios e crematórios particulares. Muitas novidades. Hoje temos até um prêmio de excelência na categoria. A Acembra e o Sincep resolveram implementar o Prêmio Nacional de Qualidade (PNQ), concebido para ser desenvolvido em ciclos. A ideia é avaliar critérios de atendimento como segurança, saúde, meio ambiente e responsabilidade social, que fazem um serviço melhor aos clientes.

O nosso mercado segue os preceitos da economia para todas as empresas de prestação de serviços, atentas a itens como responsabilidade social, sustentabilidade, soluções completas para o cliente. Temos de manter a consistência nas promessas e ter elasticidade, qualidade, para atender novos públicos, diferentes perfis, as mais diversas expectativas.

Mas como o público pode constatar tudo isso, a não ser em caso de falecimento de alguém mais chegado? Palavras como morte, enterro, fúnebre e túmulo sempre causaram imediatas reações de pavor, a vontade de bater na madeira, mudar de assunto. Ou rir de nervoso. Estou habituado a essas reações. Tanto que eu mesmo brinco com isso. Costumo entregar meu cartão dizendo: "Espero que você nunca precise, mas se precisar, conte comigo".

Esse aspecto cultural tão forte, tão arraigado no nosso imaginário, me ajudou a pautar meu conceito de humanização. A família e as pessoas mais íntimas do falecido têm de se sentir acolhidas, como amigos queridos que abraçamos nas horas complicadas. O cliente precisa ser bem atendido não apenas do ponto de vista da eficiência, mas sobretudo no lado afetivo. Sem alarde, o atendimento deve oferecer um clima de aconchego, de porta aberta, e dar espaço para que cada pessoa possa curtir civilizadamente sua dor. Pode ser tocar na cerimônia de cremação a música favorita, que faça lembrar, com carinho, momentos especiais. Ou ter uma sala ao lado do velório, um *lounge* confortável, para se jogar no sofá e mergulhar lá no íntimo, o corpo dolorido, as cenas de uma vida inteira grudadas na memória. Sobretudo, ter quem ouça. Ouça suas queixas, suas lembranças, seus desejos em relação a quem faleceu. Meus funcionários, sempre, são estimulados a ouvir. Não canso de repetir isso.

3

UMA EMPRESA FUNERÁRIA

"Quando eu morrer, não quero choro nem vela/quero uma fita amarela/gravada com o nome dela"
(Trecho do samba "Fita amarela", de Noel Rosa)

As pessoas costumam confundir os conceitos em nosso setor. Funerária, por exemplo, não é cemitério. Cemitério é o local onde enterramos os nossos mortos. Pode ser parque, do tipo jardim, e pode ser com túmulos. Uma empresa funerária oferece o atendimento do funeral, os preparativos, da documentação necessária ao traslado e a preparação do corpo para depois ser sepultado ou cremado.

No famoso seriado norte-americano *Six Feet Under*, a família retratada tinha uma empresa funerária. O seriado acabou em 2005, mas ficou como exemplo de como pode funcionar uma empresa desse segmento.

Eu administrava o cemitério havia 23 anos quando decidi criar uma funerária própria. Até então, era um serviço terceirizado. Mas percebi, ali, que serviços essenciais ao desenvolvimento de um negócio devem ser próprios. O controle e alinhamento com os objetivos da empresa ficam bem mais seguros quando cada serviço é padronizado e segue uma única filosofia.

Assim, a partir de 1995 começamos a trabalhar com cemitério e funerária. Nesse novo momento, veio a necessidade da formação do nosso principal profissional, o agente funerário. É ele quem acompanha, ao lado da família, todo o momento de organização e preparação para a despedida.

O agente funerário atua como intermediário entre os familiares e os procedimentos legais. Ele participa como um conselheiro, um suporte, num momento em que os envolvidos estão emocionalmente vulneráveis. Seu trabalho começa a partir do óbito. É ele quem orienta os familiares sobre os procedimentos, inclusive sobre a necessidade do atestado de óbito para que a funerária possa cuidar dos próximos passos. É ele também o responsável pelos procedimentos com o corpo, como a preparação e a arrumação na urna. Também cabe ao agente preparar os procedimentos para o velório, como ornamentação, e, se necessário, providenciar o traslado do corpo até o cemitério ou crematório.

Como agir, então, quando morre alguém próximo de nós?

Costumo enfatizar que um dos erros mais comuns é a pessoa que perde um parente ou alguém próximo achar que tem de ir até o lugar onde está o corpo, ou mesmo ao IML (Instituto Médico Legal), no caso de crime ou morte acidental. Sei, claro, que nessa hora tão difícil somos arrastados pelo primeiro impulso. O de ver o corpo. Estar lá. O motivo para não ir é ululante de tão óbvio: quem não é profissional da área, além de não ter ideia de como proceder, acaba sofrendo por causas burocráticas, tendo um desgaste desnecessário. Eu sempre digo aos clientes e amigos: não vá ao IML, não corra atrás de ver ou fazer tudo. Deixe isso para o agente funerário, é a função dele.

Atualmente, grande parte dos planos de assistência funeral, que podemos contratar e pagar ainda em vida, já prevê o acompanhamento desse profissional. Quando estamos vulneráveis, essa preparação solitária, sem a ajuda de quem trabalha na área, vai parecer ainda mais complicada. E a energia de quem está passando pelo processo será mais bem usada em apoio, carinho, e no compartilhar de lágrimas e saudades com o restante da família. É muito mais importante ficar próximo das pessoas queridas que, como você, também estão sofrendo com a perda. A parte prática, burocrática, cabe a um profissional.

A primeira providência, então, é ligar para o agente. Assim como um agente de viagens, cabe a ele cuidar de cada etapa do processo. Vai explicar como funciona a declaração de óbito, que é preciso um médico que determine a *causa mortis* (ou dois médicos, no caso de cremação), para o cartório emitir um documento. É obrigatório apresentá-lo na funerária, que vai providenciar a retirada do corpo do local. Só com essa pré-certidão em mãos o cemitério pode enterrar, ou o corpo pode ser cremado. O agente funerário cuida de todos esses detalhes – e pode auxiliar, ainda, na escolha das flores, da urna, ou na sugestão de um serviço de bufê para o velório, se a família desejar. Os agentes devem estar prontos para esclarecer dúvidas, agendar os serviços e ouvir. Escutar o que o cliente tem a dizer.

Quando morre alguém, os procedimentos burocráticos são diversos, e também variam de acordo com o tipo de morte. Por isso as pessoas costumam ter tanta dificuldade nesse momento. Não é comum sabermos, antes, o que fazer. Abaixo, apresento as orientações gerais.

Morte em casa: a família deve procurar o médico que assistia o falecido para assinar o óbito, ou contatar a funerária para a remoção do corpo para o SVO (Serviço de Verificação de Óbito). Neste caso, é preciso ir a uma delegacia lavrar um boletim de ocorrência.

No hospital: é preciso contatar o Serviço Social do hospital para obter o atestado de óbito; se houver dúvidas médicas sobre a causa da morte, é preciso contatar o SVO. O familiar mais próximo deve estar com os documentos do falecido em mãos: carteira de identidade, certidão de nascimento ou certidão de casamento. E o RG do acompanhante.

Morte violenta (por acidente, queda, homicídio, suicídio etc.): neste caso o corpo deve ser removido para o IML (Instituto Médico Legal), para ser examinado por médicos legistas. A família deve ir à delegacia e solicitar o Laudo de Exame Cadavérico. Se a vítima falecer no local do acidente ou no hospital, só o IML pode retirar o corpo.

Se o falecimento acontecer em São Paulo, é preciso contatar uma agência do serviço funerário do município, que detém o monopólio na capital. O corpo pode ser enterrado ou cremado em outra cidade, mas o seu transporte e os procedimentos funerários, se a morte ocorrer em São Paulo, é responsabilidade da funerária municipal. Se a família do falecido concordar em doar seus órgãos, várias taxas do serviço funerário do município de São Paulo não são cobradas.

Hoje eu posso sepultar ou cremar alguém apenas com a declaração de óbito, enquanto a certidão está sendo providenciada em cartório. Vale explicar esses termos. O atestado de óbito é dado pelo médico, que atesta a morte, a causa etc. Com o atestado, a funerária tem a permissão para fazer a declaração de óbito, que é o documento intermediário entre o atestado e a certidão. A funerária encaminha essa declaração ao cartório, que faz a certidão, que depois a família irá buscar. Antigamente, apenas só depois do aval do cartório eu poderia sepultar o corpo, o que me obrigou, tantas vezes, a bater na casa do escrivão de plantão nos finais de semana para ele me ceder a certidão.

Quando iniciei o trabalho com funerária própria, percebi a importância de ser ágil nesse serviço e trazer inovação. Na minha percepção, a inovação de que o atendimento funerário precisava baseava-se em uma ideia central: humanização. Trazer mais calor ao atendimento, fazer um negócio de braços abertos, com o melhor da tecnologia de ponta mais uma boa dose de psicologia. Criar laços afetivos na prestação do serviço.

Assim, mudei o foco do meu negócio com a preocupação de amenizar o momento de lidar com a morte, e respeitar o tempo, a delicadeza, a atenção que cada cliente tem de receber no momento em que perde um ente querido. Mesmo no resto do mundo, ainda são poucos os serviços funerários voltados para um atendimento pensado para ser mais humano, mais caloroso. É quando falece alguém que se torna mais necessário o atendimento pessoal junto aos familiares. Hora de o agente funerário ouvir, com atenção, declarações e desabafos, e usar da sutileza para contornar momentos difíceis.

Novas situações surgem quando menos se espera, com pedidos ainda mais inesperados. Já tivemos, só para ilustrar com uma historinha, o caso de um senhor que comprou um jazigo e fez questão de estabelecer, por escrito, que gostaria de ser enterrado na gaveta acima daquela em que ficaria sua mulher. Ele teria de ficar por cima, nem que fosse debaixo da terra. Há os casos clássicos de maridos com amantes, que compram jazigos para suas duas famílias. Um foi curioso: os amantes sofreram um acidente de carro e a moça faleceu, deixando um filho pequeno. O sujeito convenceu a esposa a criar a criança. Só que todos os semestres, no dia em que chegava o boleto de manutenção do jazigo da amante, a esposa se lembrava do drama e arrumava briga. Ele apareceu no escritório desesperado: "Pelo amor de Deus, eu pago adiantado, mas não me mandem mais o boleto em casa". O agente funerário tem de estar pronto para tragédias, comédias, todos os *scripts*.

Na verdade, em cada ação afinamos o foco no cliente. É a resposta à pergunta básica de quem perde um ente querido: o que fazer na hora da morte? E o ajuste do foco é uma lição para todo tipo de prestador de serviço.

Hoje, com quase 40 anos de experiência nesse setor, tenho a convicção de que enfrentar os desafios do segmento funerário prepara empresários e outros profissionais para encarar qualquer mercado. E, sem falsa modéstia, acredito que as lições que o segmento funerário nos traz podem ajudar empresários, estudantes e profissionais de outras áreas.

4

EM PAZ: HUMANIZAÇÃO COMO DIFERENCIAL DO NEGÓCIO

Num perfil sobre Vinicius de Moraes escrito por Paulo Mendes Campos, ele conta que certo dia Vinícius recebeu um telefonema, voz chorosa de uma senhora dizendo-se mãe do Manduca, colega de escola do compositor, e comunicando a sua morte. Vinicius lembrava-se vagamente do colega, mas sentiu na hora a pungência materna, afirmando à dolorosa mãe que iria imediatamente para o velório. Em que capela? O corpo está sendo velado em casa. Onde a senhora mora? Em Madureira, na rua Tal. Palavra de poeta não volta atrás. Mandou chamar um táxi e foi para o subúrbio. Entrou num chalé, a sala repleta de vizinhos, outros entrando. Percebeu Vinicius que a pobre mãe avisara que o poeta, o maior amigo do Manduca, estava para chegar. Conduzido até o caixão, no centro da sala, a mãe retirou o lenço que cobria o rosto de Manduca, e Vinicius, com toda a sua carinhosa intuição poética, sentiu que todos esperavam uma frase dele. Atolado mentalmente na situação, colocou a mão sobre o ombro do morto, pronunciando sem querer a seguinte sentença: "Aguenta a mão, aí, bichão". No fim da frase já sentia a monstruosidade do seu pronunciamento, esperando que o chão se abrisse e ele também desaparecesse.

Nosso trabalho é lidar com a fragilidade alheia. Amenizar os dramas e as dificuldades de uma situação que, mais cedo ou mais tarde, é a única verdade absoluta da vida: um dia, rapaz, a morte bate à sua porta. Humanizar é estar preparado, em cada detalhe, para lidar com o enlutado. É carimbar a qualidade dos nossos serviços, em todos os aspectos do negócio, do sepultador que trabalha com a pá ao diretor, da cerimonialista, moça que lê as mensagens filosóficas no ritual de cremação, ao técnico, que cuida da assepsia e apresentação do corpo. É a nossa identidade carimbando a identidade do cliente, personalizando o atendimento de acordo com cada um.

Além dos agentes funerários com treinamento especializado, criamos um serviço de assistência psicológica. Contratamos psicólogas especializadas que ajudam a família a lidar com o luto, e também treinam os nossos funcionários para atender a clientela. Na empresa, o trabalho desenvolvido pelas psicólogas permeia todo o processo, desde a contratação e treinamento dos nossos funcionários até o acompanhamento à família, mesmo depois do sepultamento ou cremação.

O carinho das psicólogas com os enlutados, assim como pequenas ternuras que se tornam imensas nessa hora. O trato na hora de banhar e vestir o corpo. A discrição em cada movimento. Saber atender os pedidos, por menores que sejam. Alguém, um parente ou amigo querido, sempre aparece com um símbolo de afeto: uma correntinha, o batom que a tia gostava, a gravata preferida do pai. Os momentos comoventes fazem parte do nosso cotidiano, e nos orgulhamos demais disso. Fazemos questão de cultivar o contato aberto com o cliente. Sempre reforço isso nas palestras com meus funcionários, reuniões, conversas informais até: o modo de tratar os clientes é absolutamente essencial. Jamais podemos esquecer que eles estão passando por um momento muito, muito delicado. Qualquer palavra errada pode pôr muito a perder.

Lembranças doloridas vêm à tona, comentários sobre um amor desperdiçado, um desespero a céu aberto ou contido, o cheiro que ficou na memória, tanto faz. Minha experiência me ensinou que aquela pessoa que tem uma reação muito violenta, intensa, num velório ou enterro, sempre tem uma dívida com o falecido. De qualquer natureza: uma conversa que não aconteceu a tempo, uma briga mal resolvida, remorsos antigos. Todas as vezes que testemunhei reações aparentemente descabidas, elas ganhavam sentido quando a gente sabia um pouco mais da história do falecido com a pessoa que parecia histérica ou agressiva no velório.

Certa ocasião, em uma reunião com profissionais de um banco, comentei sobre essa minha impressão, e a moça que queria fazer a venda de um seguro para a minha empresa começou a chorar copiosamente. Certamente ela lembrara de alguma ferida ainda aberta.

E emoções vêm sempre, tenho visto tantas cerimônias, é um roteiro que se repete. Até hoje, confesso, sou capaz de chorar se assisto a alguma mais tocante, mesmo que eu não conheça os personagens.

Já aconteceu, por exemplo, de estar viajando com a minha esposa, e nós dois chorarmos por assistirmos a uma cerimônia fúnebre. Há pouco tempo, uma prima faleceu, seria cremada, e os meus primos não acharam necessário fazer a cerimônia de despedida. Fizemos mesmo assim – e lá estavam minha esposa e eu, lágrimas nos olhos. A despedida é uma coisa tão forte, mas tão forte, que por mais que eu já tenha visto esse filme, sempre haverá um momento para me emocionar.

Enfim, é preciso preparo, muito preparo para lidar com a perda. A sua própria e a dos outros.

"A gente cuida tanto do nascimento, existe uma incrível estrutura de apoio, de orientação, para quando nasce um bebê, mas a morte é jogada no canto. Ninguém se preocupa em aprender a lidar com ela." A frase é da psicóloga Ana Lucia Naletto, que ao lado da também psicóloga Lélia de Cássia Faleiros faz um trabalho de apoio a enlutados, no Centro Maiêutica de Psicologia Aplicada. Há seis anos elas me procuraram com a ideia de criar um serviço de treinamento aos profissionais do segmento funerário. Com anos de experiência em consultório, perceberam, entre as queixas de quem perdia alguém querido, a falta de atenção do pessoal que trabalha em funerárias, cemitérios, crematórios. Quem trabalha com o público, ainda mais em momentos como esse, no auge da fragilidade das pessoas, tem de aprender a lidar com os sentimentos alheios. Humanizar a sua relação com os clientes.

Intuitivamente, eu já percebia, claro, que era preciso fazer algo para sensibilizar meus funcionários, um treinamento preciso, objetivo, que ensinasse de fato como agir. O que fazer e principalmente o que não fazer com as famílias em luto. Mas não sou psicólogo, não tenho os instrumentos mais adequados para treinar pessoas sobre isso. Então, quando elas apareceram com essa proposta de atendimento humanizado, aceitei na hora. Particularmente no meu jeito de enxergar nossa marca, o foco humanizado, a atuação dessas profissionais só viria a acrescentar. E acrescentou muito, nos ajudou a ajustar o foco nas principais necessidades do cliente.

OS BASTIDORES DO TRABALHO: AS PSICÓLOGAS TREINAM NOSSAS EQUIPES E NÓS FAZEMOS UM ACOMPANHAMENTO JUNTO AOS FUNCIONÁRIOS

O Centro Maiêutica trabalha em duas frentes no atendimento ao enlutado: nos bastidores e no pós-velório. No antes, a atuação fundamental é no treinamento e na reciclagem dos nossos funcionários. Um trabalho preventivo, que começa valorizando cada pessoa que trabalha no segmento. Elas começam explicando como eles são especiais, porque participam de uma hora importantíssima na vida das pessoas que ficam, estão presentes em momentos que vão ficar na memória destas famílias. Portanto, têm de ser confiáveis, sensíveis, atentos. E o curso com a equipe segue assim, em módulos: no primeiro, elas explicam como a morte foi tratada ao longo da história, do ponto de vista cultural. Como eram os rituais, o que se valorizava, o que permanece e o que não se faz mais.

Como as pessoas do segmento têm perfis diferenciados – desde sepultadores a quem fica no escritório, temos funcionários de diversas escolaridades, alguns são muito simples –, as psicólogas falam tudo da forma mais clara possível. Usam analogias. Por exemplo, dizem que um borracheiro deve saber tudo sobre pneus, carros, amortecedor. Logo, um sepultador, um agente funerário, todos que estão nesse segmento precisam entender tudo sobre a morte. Ao longo da conversa, dão exemplos, esclarecem dúvidas e mostram como é possível atender o cliente, mesmo as pessoas mais agressivas ou desesperadas, respeitando a dor de cada uma. Se um sepultador, digamos, comenta durante o curso que um sujeito teve reação agressiva no funeral da mãe, e acha que isso é um sinal de que não gostava dela, elas se apressam em esclarecer os mal-entendidos ou desfazer ideias preconcebidas.

Assim nos mostram que a maioria das pessoas, quase todos nós, tem dificuldade de aceitar a morte de alguém, ou de saber como agir. Muitos só pensam no prazer da vida, na felicidade, e não conseguem encarar um momento de dor. Outros não conseguem expressar suas emoções – tudo isso tem de ser levado em conta quando um cliente grita ou se estressa durante uma cerimônia. Ele está numa situação atípica, dolorosa, bravo com o mundo. O que fazer? Sobretudo, ouvir. Deixar que o cliente fale o quanto quiser, o quanto precisa. De forma objetiva e também carinhosa, Ana Lucia e Lélia vão nos ensinando a lidar com a vida.

Vem então um segundo momento, algo como um psicodrama: elas propõem uma encenação, um laboratório, para cada funcionário lembrar de um momento seu de luto, e aprender a se colocar no lugar do outro, daquele que sofre a perda. É quando estabelecemos uma regra importantíssima: se um dos funcionários se reconhecer em algum caso, se envolver com a situação, deve pedir para não atender a pessoa em questão. Passar o caso para outro. Se não for assim, o atendimento fica prejudicado.

O trabalho das psicólogas é tornar os funcionários mais capazes de agir de acordo com cada situação. Elas não apresentam fórmulas prontas, porque isso nunca funciona, claro. Em vez de estabelecerem regras do tipo "nunca fale alto enquanto acontece um cerimonial", elas ensinam os símbolos da morte, os rituais, a importância do silêncio. Ou poderia acontecer algo absurdo, como o funcionário não falar alto, mas ligar o rádio no máximo volume e não perceber a indelicadeza mesmo assim – portanto, ele tem de entender o contexto todo do trabalho.

Um ponto importante que, antes de ouvi-las falar, a gente não se dá conta, é de sempre chamar o corpo pelo nome. Não é: "Vamos sepultar o corpo aqui ou o falecido ali". É preciso dizer: "Vamos sepultar o Sr. José aqui". Elas também ensinam detalhes sutis: como entregar a urna com as cinzas aos parentes de forma suave, com cuidado, atenção. Neste momento, não cabe um gesto brusco onde a caixa seja balançada, chacoalhada ou vire.

Posso dizer, orgulhoso, que raras vezes tivemos problemas com clientes por falta de jeito no trato. Recebemos telefonemas e e-mails agradecidos, mas é claro que aprendemos com os erros. Em geral, quando acontecem, são por problemas de comunicação – daí nossa ênfase no treinamento de todos os funcionários, mesmo aqueles que, na prática, têm pouco ou talvez nenhum contato com o cliente. Nunca se sabe quando alguém vai querer uma informação. Além de ser fundamental o funcionário conhecer como atua sua empresa, qual a real filosofia de trabalho. Caso contrário, vira um trabalho autômato, desconectado do que queremos. E perde-se o fio condutor da marca.

Repetir os treinamentos, conversar, criar momentos com os funcionários para saber o que é preciso mudar, o que está dando certo, com que erros podemos aprender. É claro que cometemos enganos, mas tratamos de saná-los imediatamente, para que jamais aconteçam de novo.

Vou dar um exemplo: um dia, uma senhora bastante abalada falou nervosíssima com uma de nossas atendentes, ao telefone. Havia perdido a filha, e a menina, acima do peso, não caberia numa urna convencional. Acontece que, por um descuido da categoria, a urna para os gordinhos é chamada, no mercado, de urna gorda. Nossa atendente, sem perceber, comentou que seria preciso uma urna gorda. A mãe ficou possessa. Conseguimos contornar a situação, mas era um desses casos fadados ao problema. Na hora do enterro, o sepultador estava com o rádio ligado, e a mesma atendente comentou com ele algo do tipo: "As chatas ainda estão aí?" Imperdoável.

A moça foi suspensa por duas semanas e passou por reciclagem com as psicólogas que nos prestam serviço.

Aprendemos com o erro. Nunca mais trabalhamos com o canal de rádio aberto o tempo todo, não falamos jamais certas palavras, enfim, acertamos o tom. E constantemente as psicólogas nos dão assessoria, revelando que pontos de humanização ainda estão falhos na nossa comunicação. A partir desse equívoco, nenhum de nossos funcionários fala mais urna gorda, e sim urna especial.

Quando começamos, em 1973, nos deparamos com cinco funcionários no escritório e dez em campo, como chamamos quem trabalha nos sepultamentos. Hoje somos 150. Vários foram embora, muitos tiveram de ser trocados porque não conseguiam absorver o nosso foco humanista. Nosso critério de seleção, claro, está muito mais rígido. Queremos pessoas que tenham aptidão para lidar com pessoas. O requisito básico é estar preparado para atender o enlutado.

Na seleção dos novos empregados, aplicamos um extenso e profundo teste psicológico, capaz de revelar, por exemplo, se o candidato à vaga não tem habilidade para lidar com situações inesperadas. Damos muita atenção a essa parte de reação imediata, saber agir, e também saber se portar.

Nessa seleção e padronização da qualidade do trabalho temos mais uma colaboradora essencial: uma das minhas filhas chegou na empresa há poucos anos, trazendo na bagagem seis anos de experiência numa multinacional de cartão de crédito. Como boa jovem, achou que sabia de tudo. Mas apresentou, sim, ótimas ideias, que fomos acatando. Ela ajudou a criar nosso estilo. Mostrou como poderíamos traduzir nossa identidade em cada detalhe, desde a maquiagem das funcionárias, até a fala, o tom de voz de todos os empregados, do sepultador ao contador que costuma trabalhar no escritório. Pois são eles que carregam a nossa marca em suas mãos todos os dias. Ela pesquisa o que há de novo no mercado internacional, e enxerga na tecnologia, nas tendências de comportamento, novas maneiras sensíveis, éticas e profissionais de lidar com a morte. Ela reforça que humanizar a hora da despedida é uma maneira mais positiva de se ver a vida.

Minha filha nos mostrou um lado complementar ao trabalho das psicólogas: que a nossa identidade tem de estar presente não apenas na comunicação, no diálogo, como também no visual, nos uniformes, na maquiagem das funcionárias, no cuidado com uma aparência discreta, suave. Cada gesto, cada situação revela quem somos, como trabalhamos. Isso é humanizar, é o respeito ao cliente no atendimento em todos os pontos de contato.

Para afinarmos todos os quesitos do trabalho, temos de conversar sempre com os funcionários, trocar informações. Saber do dia a dia deles é tão importante quanto ensinarmos o que precisa ser feito. Assim, organizamos cafés da manhã para que os funcionários, descontraídos, em clima mais informal, possam falar à vontade sobre o que acham de certo e de errado, quais seus problemas. No começo era algo tímido, pouco eficiente, porque alguns se sentiam acanhados diante da presença do patrão, mas ainda assim era ótimo poder dialogar com eles. Aos poucos, foram se soltando, nos mostrando aspectos importantes do trabalho. É algo muito bom para alinhar nossa atuação, reforçar nosso estilo, o reconhecimento do que fazemos entre nós todos. Para ilustrar, em um desses cafés da manhã, um sepultador comentou que, na exumação, alguns curiosos ficavam olhando a retirada dos ossos, a família se sentia constrangida. Tomamos, então uma atitude: colocamos um biombo para dar mais privacidade.

Também buscamos material, de todos os meios possíveis, que possa enriquecer a cultura e o trabalho do nosso funcionário. Ultimamente temos exibido para eles o filme *A Força da Amizade*, com Jessica Lange, um *road movie* que conta como uma mulher que acaba de sair da cerimônia de cremação do marido decide levar as cinzas para espalhá-las pelos lugares onde foram felizes juntos. A filha do falecido, porém, quer uma cerimônia tradicional e exige que Jessica leve as cinzas até a cidade onde ela mora. Jessica obedece, levando junto três amigas, numa viagem que ensina sobre amizade, amor, relação com a morte. E, principalmente, solidariedade.

O PÓS-VELÓRIO: A ATUAÇÃO DAS PSICÓLOGAS COM OS CLIENTES

Se a atuação das psicólogas faz a diferença no trabalho preventivo, com os nossos funcionários, faz mais ainda no pós-funeral, no acompanhamento de quem perdeu seu ente querido. Realizamos uma palestra mensal sobre luto aberta à comunidade.

As psicólogas orientam sobre o processo da perda e respondem questões como quando mexer nas coisas de quem faleceu, o que fazer com roupas, objetos, como amenizar a dor imensa.

Celebramos uma missa de mês e uma de um ano para as famílias que são nossas clientes. Pode parecer estranho a quem não passou por uma perda, mas a dor de um ano de luto é maior do que a de um mês. No primeiro mês, a tristeza se mistura ao estado de choque, às providências a serem tomadas, muitas emoções juntas. Quando se passa um ano, a saudade aumenta e a família enfrenta datas simbólicas da ausência: o primeiro aniversário daquela pessoa que se foi; o primeiro Natal sem ela; o primeiro Dia das Mães sem a risada de menina da mãe. E chamamos não apenas quem sepultou ou cremou pessoas ali, como estendemos o convite a todas as pessoas da comunidade de Guarulhos.

Em datas especiais, como o Dia das Mães ou o dia de Finados, oferecemos um serviço especial: o atendimento às crianças. Como tantas vezes elas não conseguem expressar o que sentem, ou se preocupam com os pais que também estão sofrendo (quando morre a avó, por exemplo), acabam deixadas de lado. Alguns pais e parentes preferem não tocar no assunto morte para não traumatizar os pequenos, mas eles sentem, e precisam falar sobre isso. Ou são muito novinhos e se manifestam de outra forma. As psicólogas criam, então, atividades lúdicas, com livros, filmes, desenhos, e muito bate-papo com as crianças, numa oficina quase poética de tão bonita.

Toda criança acima de cinco anos de idade é convidada a participar. Menorzinhas exigiriam um trabalho individual que não pode ser feito ali. Exibimos filmes como *Marley e Eu* ou *O Rei Leão*, com suas cenas de morte, perda, mudança; propomos atividades, e as crianças falam sobre isso, desenham, perguntam.

Há histórias emocionantes, que quando me lembro fico com os olhos marejados. Em uma oficina, uma criança fez um desenho de uma enorme boca, cheia de dentes, com a avó dentro dela. Explicou que a mãe havia lhe dito que os bichinhos comem a vovó debaixo da terra, e a criança se apavorou com a ideia. Em outra vez, teve uma menina de 10 anos que perdeu o pai e chorou, durante a oficina inteira, porque a mãe não queria falar sobre ele.

As psicólogas conversam, explicam tudo de maneira didática, e falam com os pais ou parentes responsáveis. Quando um caso parece mais complicado, elas sugerem que os pais busquem psicoterapia, um trabalho mais longo, continuado, com algum profissional em quem confiem. Faço questão de que as oficinas com crianças também sejam abertas a toda a comunidade de Guarulhos. Acredito que humanizar é também estender a atuação da empresa a quem está ao redor.

No dia a dia temos uma equipe de assistentes sociais que complementa o trabalho de humanização no atendimento aos clientes.

5

A SIMBOLOGIA DA PARTIDA

Morte (do escritor inglês Harold Pinter)*

Onde foi o corpo encontrado?
Quem encontrou o corpo morto?
Estava morto o corpo morto quando foi encontrado?
Como foi o corpo morto encontrado?
Quem era o corpo morto?
Quem era o pai ou filha ou irmão
Ou tio ou irmã ou mãe ou filho
Do corpo morto e abandonado?
Estava morto o corpo quando foi abandonado?
O corpo foi abandonado?
Por quem foi ele abandonado?
Estava o corpo morto nu ou vestido para viagem?

O que te fez declarar morto o corpo morto?
Declaraste morto o corpo morto?
Conhecias bem o corpo morto?
Como soubeste que o corpo morto estava morto?
Será que lavaste o corpo morto?
Será que lhe fechaste ambos os olhos?
Será que enterraste o corpo?
Será que o deixaste abandonado?
Será que beijaste o corpo morto?

**Tradução de Pedro Marques e Francisco Frazão.*

No belo filme japonês *A Partida* (do diretor Yojiro Takita, vencedor do Oscar 2009 de melhor filme estrangeiro), um violoncelista volta à sua pequena cidade natal, recém-casado e sem emprego, para tentar uma nova vida. O único trabalho que consegue é numa agência que prepara corpos para, de fato, partirem. A princípio assustadora, a função de cuidar dos mortos revela-se a descoberta do sentido da vida. Entre os japoneses, a preparação dos corpos, batizada de Noukan, é um ritual ancestral simbólico, delicadíssimo, em que o corpo é limpo e maquiado diante dos parentes. Muito antigamente, era algo feito pela própria família do morto. Com a modernização dos costumes, a falta de tempo no cotidiano, passou a ser incumbência de profissionais especializados. O que vale, na cerimônia, é a beleza da despedida. Coloca-se ao lado do corpo uma foto do seu melhor momento em vida, a servir de inspiração para o preparador/maquiador deixar a pessoa que morreu o mais bonita possível como recordação. Uma homenagem que faz o ritual de passagem mais humano. É como se quem morreu, nessa hora, ficasse mais próximo de cada um que assiste à cena. Alguns choram, outros beijam o(a) morto(a), não há quem fique indiferente. Outros ainda agradecem, escondidos. A cerimônia é uma aula de limpeza em todos os sentidos: no literal, o do corpo, dos machucados, da aparência mórbida. No sentido figurado, a limpeza da alma, dos sentimentos negativos, das dívidas emocionais com o falecido. É um fechamento do ciclo da vida com dignidade.

Fiquei absolutamente comovido com esse filme. Tanto que resolvi exibi-lo para meus funcionários e conversamos muito a respeito, discutimos o quanto é imprescindível entender a simbologia da partida. No nosso trabalho, embora não exista um ritual como o oriental, há uma semelhança importantíssima: também enfatizamos sempre a delicadeza no trato com quem falece. A despedida, como gosto de reforçar, é um encerramento digno do ciclo da pessoa aqui na Terra – tanto faz se existe outra vida ou não, já que isso só Deus sabe. A cerimônia é a última coisa que se pode oferecer àquela pessoa.

Mostrei o filme à minha equipe um pouco para ensinar o quanto, na atitude, a beleza é fundamental. E também, devo admitir, para agradecer, de certa forma, o trabalho atento de cada um dos meus funcionários, o esforço e a dedicação deles em fazer do rito de passagem o mais humano e suave possível. Comigo há 18 anos, por exemplo, está o Américo Linhares, que coordena o serviço funerário. Como o personagem do filme japonês, ele sofreu bastante, no início, com o preconceito da esposa e dos amigos. Hoje seu cotidiano, misto de psicologia e de ciência, é visto como fundamental para os últimos momentos de quem se despede dos parentes ou amigos queridos. É preciso estar atento a todos os detalhes e pedidos da família. Tem gente, por exemplo, que traz um batom vermelho da mãe, quer vê-la maquiada, cheia de vida, literalmente. Ou chega com uma roupa, um objeto favorito do pai, do filho, e pede para o sepultador colocar no caixão.

São as crônicas do nosso cotidiano: tocantes ou divertidas, ou apenas verdadeiras. Um dia apareceu uma senhora com a dentadura do marido falecido, que ela havia reencontrado. O problema é que ele já tinha sido enterrado – seria possível reabrir o caixão e colocá-la ali? Ela procurou meus agentes, conversou comigo, e como não existe essa proibição, realizamos a vontade. Enfim, é preciso ter o coração e os ouvidos abertos, e muita serenidade para enfrentar alguns momentos mais tensos.

A parte mais técnica do nosso trabalho chama-se tanatopraxia. O nome vem do grego: *thánatos* significa morte, e *práxis* quer dizer prática, ação. Tanatopraxia, portanto, é a prática que se faz diante da morte. Na verdade, é uma limpeza interna, em que um líquido conservante (um concentrado com apenas 8% de formol) é injetado por máquinas apropriadas na artéria femural do falecido. Sai o sangue, entra esse preparado, que devolve certa cor rosada à pele, elimina odores, evita vazamentos desagradáveis durante o velório, permite que o morto seja velado com uma aparência serena, descansada. Na tanatopraxia nenhum órgão do corpo é retirado, ao contrário do que ocorre no embalsamamento, quando as vísceras do falecido são removidas. Tudo isso é feito na nossa funerária, em sala equipada como uma sala cirúrgica, com mesa, aparelhos, instrumentos específicos e funcionários devidamente especializados, vestidos com aventais, toucas, luvas cirúrgicas e máscaras. Em geral, o processo da tanato leva de uma hora e meia a duas horas, mas pode se estender em casos de mortes trágicas, quando o corpo e o rosto ficam desfigurados. É preciso ter diploma em tanatopraxia, Em São Paulo, o curso é disponível na Universidade Estadual Paulista (Unesp).

No caso de morte violenta, além da tanatopraxia, são muitos os recursos para a reconstituição facial ou mesmo corporal do morto. A maquiagem parece de cinema. Já recuperamos gente atropelada que teve a cabeça destruída, ou vítimas baleadas no rosto. É usada uma pasta americana, espécie de *pancake* mais grosso, que reconstitui danos mais sérios à pele. Existe um sem-número de artifícios para dar, sem trocadilho, nova vida à face. Há um tipo de prótese subocular, para ser colocada por dentro dos olhos, eliminando a aparência fúnebre. Ou uma espécie de grampeador que fixa o rosto por dentro, firmando o queixo, o maxilar, que caem, soltos, na hora da morte. A ideia é deixar a aparência com um ar mais nobre. Apagar a face feia da morte.

Como quase todo efeito cosmético dos tempos modernos, a tanatopraxia surgiu nos Estados Unidos e chegou ao Brasil na década de 1990. Os americanos, experts que são em imagem, capricham no visual dos seus falecidos: até secador de cabelo, daqueles imensos, de filmes dos anos 60, são utilizados para melhorar a aparência do morto. Sem contar apetrechos como esmalte, base de unhas etc. – igualzinho ao mundo dos vivos. Mais recentemente, o Brasil vem fabricando seus próprios líquidos bactericidas, adaptados à realidade e ao clima locais.

O grande benefício da tanatopraxia é a humanização. Não apenas na desinfecção do corpo, na assepsia, como ainda mais no cuidado com a memória que vai ficar do falecido. Uma maneira de embelezar a hora da despedida. É possível prolongar o velório para esperar familiares que vêm de longe, e que poderão guardar, com carinho, a aparência mais próxima que a pessoa tinha quando viva.

Condizente com a postura de abertura aos clientes, permitimos que a tanatopraxia seja assistida pelo parente que desejar, mas não recomendamos. Nossa orientação é a seguinte: explicamos o procedimento ao enlutado, ao parente, e sugerimos que não assista. Mas se ainda assim o desejar, será bem-vindo. Até hoje só tivemos dois casos de pedidos para ver a tanato. E uma senhora que pediu, olhou e desmaiou.

Aqui vale esclarecer uma confusão que se faz quando falamos em tanatopraxia: ela não é um embalsamamento. As múmias egípcias, para chegar naquele estado tão bem conservado, passavam por um longo processo. Após a morte, o corpo era tratado com ervas e químicas, e em seguida, enrolado em algodão. Isso era embalsamar. Depois colocava-se a múmia num invólucro de madeira, depois em outro, decorado com a face da pessoa morta e com detalhes da sua vida, em baixo-relevo. Essa caixa ia dentro de uma urna, e a seguir em um sarcófago – uma embalagem dentro da outra, feito aquele jogo de *matrioschkas*, as bonecas russas que se escondem uma dentro da outra.

A tanato é uma higienização profunda, interna, que ajuda na conservação e na aparência do corpo.

Bem, o próximo cuidado é o de vestir os falecidos. As roupas podem ser cedidas pelos parentes, mas o serviço inclui vestimentas de tecidos mais leves e elásticos, para facilitar a operação. São calças, paletós, tailleurs, vestidos, em geral no tamanho único, que se ajustam ao corpo. Há roupas fechadas com velcro, um figurino quase cenográfico. Esses produtos são pouco usados, claro, porque a maioria das pessoas ainda relaciona o velório a um momento de vestir a roupa favorita do morto. Como todo o nosso serviço, os agentes funerários se incumbem dessa missão também. Mas é claro que, se alguém da família fizer questão de vestir o corpo do falecido, é de direito que o faça.

RITUAIS DE DESPEDIDA

São muitos os rituais de despedida – variam de acordo com a religião, com os diferentes modos culturais de encarar a morte, crenças, sociedades. Em diversos ritos, as roupas são escolhidas por sua simbologia tanto no morto quanto em quem fica de luto.

Hoje já não se usa mais, ao menos como moda, mas a família próxima do falecido vestiu luto por muito tempo no Brasil dos séculos XIX e XX. E o figurino, em vários rituais, sempre indicou a dor – e o parentesco – de quem sobrou vivo. São costumes muito bem descritos por Gilberto Freyre no livro *Modos de Homem e Modas de Mulher.* Ele descreve: "A morte de pessoa da família criava, nos dias brasileiramente patriarcais, todo um ritual de luto, que incluía estilos de trajo. Luto fechado, tratando-se de pai ou mãe, de avô ou avó, de esposa ou esposo, de filho ou filha. Luto fechado por um ano: vestido preto, chapéu preto, calçado preto. O luto aliviado se fazia com vestidos roxos. O roxo não faltava nas lojas para esses vestidos... As sinhás elegantes como que compensavam-se da perda que sofriam com a morte de um ente querido, fechando-se nesses trajos... Daí uma especialíssima moda que surge no século XIX: a dos vestidos requintadamente de luto".

No judaísmo, há rituais singulares, como explica o rabino Maurice Lamm em *A Maneira Judaica de Morrer*: "A expressão judaica mais notável de dor é quando o enlutado rasga as próprias roupas antes do funeral. Sete parentes estão obrigados a desempenhar essa prática: filho, filha, pai, mãe, irmão, irmã e cônjuge. Eles devem ser adultos acima dos 13 anos. Cônjuges divorciados podem cortar as roupas, mas não são obrigados. Já o morto só pode ser enterrado vestindo uma simples mortalha branca, feita à mão, perfeitamente limpa – simboliza a democracia da morte".

Já no islamismo, o corpo do morto deve ser colocado de lado e lavado com água morna e sabão. O último enxágue é perfumado.

Parte do estômago deve ser retirada, e o nariz e os dentes têm de ser bem limpos. Depois de limpo, seco e perfumado, o corpo é enrolado em três mortalhas de pano branco, se for homem, e cinco, se for mulher, um trabalho que pode ser feito apenas por familiares do mesmo sexo do falecido.

ORNAMENTAÇÃO

Aí vem a ornamentação da urna e da sala onde o falecido será velado. Flores, a gente sabe, são a forma mais usual de ornamentar a urna, e funcionam como um adjetivo para o corpo e para o espírito. Há curiosidades sobre a simbologia das flores. A acácia, por exemplo, significa renascimento e vida eterna. O crisântemo é uma flor solar, que transmite a ideia de imortalidade. As rosas indicam perfeição e plenitude. Quase sempre, rosas são as mais solicitadas para serem colocadas junto ao corpo. Mas o cliente escolhe as flores que deseja ou as preferidas de quem faleceu.

No nosso site, oferecemos um serviço de escolha de modelos de coroas, arranjos, cruzes de flores. Também temos uma floricultura dentro do cemitério, onde é possível comprar vasos, buquês, velas, solicitar ornamentos variados. Fazemos ainda um agendamento de flores, ou seja, o cliente pode telefonar para a nossa central e agendar a manutenção, encomendar flores a distância, manter seu jazigo florido ou antecipar a decoração da sala de velório.

O VELÓRIO E A HUMANIZAÇÃO

Usar a palavra humanização ao se referir a um velório parece absolutamente contraditório. Em geral, a gente sabe, são salas frias, de luz branca, cadeiras desconfortáveis, atmosfera pesadíssima. Não bastasse o momento, a dor, a comiseração dos parentes, a decoração e a arquitetura não ajudam em nada.

Nós transformamos o tom desse espaço. Criamos uma sala contígua às quatro salas de velórios para amenizar – dar um clima mais humano – a essa que talvez seja uma das situações mais desoladoras que existem. Na nossa sala, espécie de *lounge*, temos sofás confortáveis, TV, um espaço para crianças, com brinquedos, papéis e lápis de cor, e o ambiente de certa forma contribui para que elas enfrentem o funeral de forma mais saudável. Na frente das salas de velórios, plantamos um belo jardim, com flores brancas e uma fonte. Ali, antes, era um espaço reservado para a construção de mais jazigos. Ficou sendo um lugar para meditar, que transmite uma sensação boa, de paz.

Temos um projeto de ampliação e reformas nos velórios para criarmos espaços reservados, com chave, com uma sala íntima dentro do velório para que a pessoa possa tomar um banho, descansar um pouco, se refazer de uma viagem quando vem de longe.

Com essa reforma, também vamos disponibilizar uma sala para composição mais personalizada. No Japão, há salas de velório que são espaços em branco, para serem preenchidos de acordo com os desejos da família em luto. É um serviço customizado em cada detalhe, até as lâmpadas são colocadas na hora da cerimônia. Escolhe-se não apenas flores ou símbolos religiosos, mas fundo cenográfico, cores de parede, piso – o que se desejar. Não deixa de ser uma ternura com o falecido, uma forma de atender aos seus pedidos, de homenageá-lo. Vamos procurar adaptar essa flexibilidade em nosso espaço.

Estamos sempre atentos às preferências dos familiares. Há os que desejam simplicidade, há os mais sofisticados, que chegam com ideias grandiosas. Precisamos acompanhar a evolução dos costumes, as novas tendências que surgem, exatamente como no mercado de moda. Há uma nova tendência em decoração nos velórios e cemitérios: flores de cores quentes, tons vibrantes, como uma tela impressionista, que aquecem o astral. A paleta clássica dos serviços funerários – azul, branco e lilás – pode entristecer ainda mais o ambiente.

Quem trabalha com esse segmento – como em qualquer outro – tem de estar muito informado sobre o que acontece mundialmente. Às vezes, nos apropriamos de boas sacadas e passamos a oferecer novos serviços e opções aos clientes. É claro que também há atitudes que parecem insanas, como a do pessoal de Las Vegas, nos Estados Unidos, que estendeu o estilo da indústria de cassinos, com seu frenesi de luzes, ao mercado funerário. É uma abordagem, digamos, exuberante dos velórios. Você pode encomendar um velório temático com caças-níqueis, dados, roletas. Ou fazer da despedida um momento esportivo, transformando a cena funeral em campo de golfe. Os americanos, reis do consumo, inventam até urnas fora do comum: em formato de garrafa de Coca-Cola, de guitarra, de carro – mais parecem alegorias de escola de samba. Como sempre, porém, o mandamento é acatar a decisão do cliente.

Em Brasília, uma funerária não apenas cuida dos serviços de praxe, como bufê e decoração, como vai além: a urna pode ser prateada ou, para dar um exemplo que já aconteceu, azul metálica – parte de uma decoração toda em azul da sala de velório, com velas, luzes, flores, no tom celestial.

Tudo isso é só a ponta do iceberg do consumo. No ritual de despedida, surgem sempre várias modas. Uma nova profissão, espécie de consultor e promotor de eventos funerais, já se destaca no cenário.

Existem velórios bem pomposos. Há pessoas que encomendam bufês dos mais tradicionais e sofisticados de São Paulo, alugam helicóptero para fazer chover pétalas de rosas na hora do sepultamento, contratam músicos, limusine, o que sugere a imaginação para atender aos desejos de homenagear a quem parte. Mas também há quem queira uma cerimônia simples, bem discreta, como naqueles antigos sambas-canções que descreviam os últimos desejos, *à la* Noel Rosa.

Fundamental mesmo é ter sensibilidade para atender a família em luto. Estar atento a pequenas e grandes ideias: já distribuímos "biscoitos da saudade" com mensagens filosóficas, inspirados nos biscoitos chineses da sorte, e esses itens aparentemente tão simples fazem toda a diferença no trato com o cliente. É como ajudar a escolher a gravata, sem pressa, que o falecido vai usar. Ou acatar o pedido mais tímido. Está aí a beleza da despedida, simbolicamente tão próxima da partida dos orientais no filme sobre o jovem tratador de corpos. A humanização na hora do adeus.

Na hora do velório surgem situações delicadíssimas. Brigas vêm à tona entre familiares. Solitários se derramam em lágrimas. E surgem sempre aqueles parentes que tomam as rédeas da situação, querem participar em cada minuto do processo, se agarram às minúcias, como a compensar a perda. Devemos respeitar os exageros, porque significam muito mais do que aparentam.

6

AO PÓ RETORNAREMOS

"Sofro por ter derramado minha alma na areia
e por ter amado um mortal
como se ele não fosse morrer"
—*Santo Agostinho*

O cenógrafo sentou-se na minha frente, mostrou seu projeto, e sugeriu paredes em tom de carmim. Carmim? Achei de um péssimo gosto, a princípio. Mas ele não era um cenógrafo qualquer: Cyro Del Nero, premiado em muitas peças de teatro, conhecido por suas ambientações elegantes, criativas, inovadoras. Cyro era cenógrafo de teatro, cinema e televisão havia 50 anos, dava aulas na Universidade de São Paulo, participou do famosíssimo TBC, o Teatro Brasileiro de Comédia. Mas carmim? Eu me perguntava se estava ousando demais na criação do nosso crematório, o primeiro empreendimento particular do gênero na Grande São Paulo. Já havia encomendado o melhor forno, que demorou um ano para chegar, porque fiz uma compra nos Estados Unidos, em parceria com outros empresários. Também sabia que queria algo diferente, que tocasse as pessoas, e por extensão, sensibilizasse a clientela a aceitar a ideia de cremação.

Queria surpreender.

De início, imaginei um ritual em que a urna subisse aos céus, de verdade, e desaparecesse deixando um rastro de poesia no ar, de delicadeza na despedida. Pensei num sistema que erguesse a urna, um belo fundo servindo de cenário, música clássica, um ritual tocante. Consultei as psicólogas do Centro Maiêutica e elas não aprovaram minha ideia por completo. A urna subir, tudo bem. Sumir nas nuvens era outra história – a família ficaria com a sensação de um corpo que se desmancha no ar, de um rito que não se completa. Optamos, então, por uma solução no meio termo: a urna sobe, sim, e a cerimônia é delicada, discreta, embalada por uma música escolhida pelos familiares. Mas quando chega lá em cima, a urna para. Fica ali, simbolicamente no céu, e o cenário lembra mesmo um céu interplanetário, como se tivesse sido fotografado pelo telescópio Hubble. Na verdade, é a foto ampliada muitas vezes de bolas de uma árvore de Natal, dando a sensação de firmamento estrelado.

A ideia de manter a urna visível trouxe calor, humanizou o ritual, o que eu queria. O resultado ficou elegante. O vermelho que é quase um vinho bordô traz uma sensação cálida, de aconchego, de ninho que abriga a dor e os sentimentos mais profundos dos familiares. Ficou caloroso. A sala de cremação traduz a humanização em cada metro quadrado. Vitrines rasgam a parede, exibindo um jardim de inverno, o poder de síntese de um *hai kai* na escolha das plantas. A sala é como um cinema, com 60 poltronas, todas com braços que dão apoio, onde cada um pode chorar no seu canto, do seu jeito, há espaço para curtir civilizadamente a solidão. Rezar. Meditar. Cyro definiu assim a ambientação: "O tema desta sala é a atemporalidade".

"É como se esse momento da despedida suspendesse a ideia de tempo, propiciasse uma reflexão. O salão é cercado de jardins onde o tempo não passa. Não existem estações do ano. Colocamos nas vitrines formas dos bambus pousados sobre pedras, areia e peças de madeira esculpidas pela água dos rios. Nesse momento, nada cresce ou desaparece. Então, seria necessário abraçar o frio espiritual que pode surgir durante o ritual com uma cor que transmitisse aquecimento, por isso o carmim na sala. A subida da urna é consoladora, um símbolo de que o que nos importa não desaparece, nem é escondido, mas obedece a um caminho vertical que é a nossa esperança para aqueles que amamos", disse Cyro.

Com tristeza, acompanhei a cerimônia de despedida do amigo Cyro Del Nero na sala projetada por ele. Cyro faleceu em 31 de agosto de 2010, de insuficiência cardíaca, aos 78 anos. A cerimônia que antecede a cremação foi realizada no final da tarde de um sábado, reunindo amigos e familiares emocionados, na sala marcada pela "atemporalidade", como ele mesmo definiu.

A cerimônia do ritual de cremação dura cerca de quinze minutos. É absolutamente personalizada, de acordo com o desejo da família. A música é escolhida pelos familiares e, para isso, oferecemos opções de vários estilos, de canções orientais a músicas eruditas. Cada pessoa, porém, pode homenagear o falecido com a música que desejar – se tiver um CD em casa de que goste muito, é só trazer que nós tocamos. Já tivemos casos curiosos, como a família roqueira que escolheu Raul Seixas. Ou descendentes de orientais que sabiam de cor a letra de uma canção japonesa, que escolhemos pelo belo som, e só mais tarde descobrimos que a cantora é muito popular no Japão. Muitos pedem a Ave Maria de Gounod, ou corais sacros. Temos música de umbanda e até as canções da banda Mamonas Assassinas.

Antes de começar, nossa cerimonialista lê uma mensagem breve, uma espécie de dedicatória prestando homenagem ao falecido. Funciona no mesmo esquema das músicas: os familiares elegem a mensagem preferida. Em geral, escolhem o Salmo 23 ou uma passagem de Santo Agostinho. Há quem prefira trechos de Paulo Coelho, ou uma bela poesia. No final, quando a urna para lá em cima, a mestre de cerimônias fala uma breve despedida, agradecendo o carinho das pessoas com o falecido. Na sequência, o corpo é cremado.

Aqui despontam as muitas dúvidas sobre a cremação, mitos que ainda hoje tanta gente cultiva. Costumo dizer que você não consegue convencer uma pessoa a desejar ser cremada quando morrer, mas se ela estiver em dúvida, acaba optando pela cremação. Mas os preconceitos e receios continuam espalhados pelo senso comum. Entre as dúvidas mais frequentes, as pessoas querem saber se mais de um corpo é cremado de cada vez. Não, não é. As câmeras de cremação são individuais, só é possível colocar um por vez.

Tem como confundir, errar quem é o falecido? De forma alguma. O corpo tem uma etiqueta, vai com ela até a entrada do forno. Feita a cremação, as cinzas são acondicionadas numa caixa, uma pequena urna, que imediatamente leva a etiqueta de novo. O controle é milimétrico.

No processo de cremação, os fornos funcionam com duas câmaras de combustão. Na primeira, queima-se o corpo e o caixão, atingindo a temperatura aproximada de 800 graus. Na segunda fase, são processadas as substâncias particuladas e gases resultantes da etapa anterior. Esse procedimento ocorre na temperatura aproximada de 900 graus. O tempo total de cremação varia de duas horas a duas horas e meia.

É comum perguntarem também se o corpo é cremado nu. Não, ele é colocado no forno vestido, com urna e tudo, com respeito, dignidade, aparência bem cuidada. Nós costumávamos proibir a entrada na sala do forno de familiares ou qualquer pessoa que não fosse o funcionário responsável. Mudamos de ideia. Não há nada de errado, não há o que esconder. Desmistifica o que ela estaria imaginando, pode superar medos. Na verdade, apenas duas pessoas até hoje nos pediram para ver. Estamos pensando em embelezar essa sala do forno, para que as pessoas possam, de fato, ver como funciona, sem mistérios.

Em outras culturas, como no Japão, quem aperta o botão do forno no momento da cremação é o parente mais próximo, um filho, o cônjuge. É feito um ritual para isso, para o momento de apertar o botão, uma simbólica cerimônia de adeus.

No Brasil talvez seja cedo demais para institucionalizar um ritual desse tipo, mas isso acabou nos dando nova ideia dentro do conceito de humanização. Aos poucos, percebemos que, enquanto a cerimônia antes da cremação era bonita, emocionante, tudo certo, a entrega das cinzas, que acontece em outro dia, era feita sem absolutamente nenhum rito de despedida. O familiar ia buscar as cinzas, recebia uma urna pequena e ficava com aquilo, revivendo situações, talvez com um aperto no peito por não saber o que fazer com o pai, a mãe ou o companheiro ou a companheira em suas mãos. Criamos, então, uma cartinha, algo como uma despedida, e entregamos a urna em uma hora previamente agendada. É um pequeno e delicado ritual, com respeito ao momento. Nela, nos solidarizamos com os enlutados e destacamos a importância de não ter pressa sobre o que fazer ou como fazer com as cinzas. É uma mensagem de acolhimento e apoio. Aqui, reproduzo um trecho do texto:

"Consideramos que, embora tenham optado pela cremação, alguns podem não se sentir preparados para lidar com este ato, incluindo a retirada dos seus restos mortais. Este momento materializa a ausência de quem faleceu, deixando apenas as cinzas de sua existência. O contato com elas sempre vai colocá-los diante da dor da perda. Caso a família ainda não tenha tomado nenhuma decisão quanto ao destino das cinzas, sugerimos que não se precipitem. Conversem entre si, buscando, respeitosamente, considerar os diferentes posicionamentos de cada um dos membros."

Também para a entrega das cinzas acontece uma cerimônia de suspensão do tempo, assim como na cremação. Escolhe-se uma música e a caixinha com as cinzas, previamente posicionada, desce do teto, junto com um arranjo de flores. Na cerimônia de cremação, como já mencionado, a urna havia subido ao teto, posicionada nesta mesa elevatória. Isso é estreitar laços com o cliente: não devemos nos concentrar apenas nas grandes ações. Esse é apenas um pequeno exemplo da importância da agilidade para trazer algo novo, cuidar do cliente, reforçar a nossa filosofia humanizada. Ter capricho no todo e também nos detalhes, uma lição para todo o segmento de prestação de serviços.

A entrega da carta transformou o recebimento das cinzas numa forma de reviver a dor e a emoção da morte, mas de forma suave, respeitosa, e que diminui o imenso desconforto de receber um corpo, ainda que em cinzas. Ao mesmo tempo, como nossas psicólogas insistem em afirmar, torna a morte mais tangível, as cinzas ganham significado mais palpável no ritual. Enfrenta-se o luto, nesse breve momento, de um jeito mais humano.

Sabe-se que o Brasil tem um bom potencial para a cremação, mas o número ainda é acanhado, mais pelo aspecto cultural do que pelo econômico, acredito. Hoje, menos de 2% dos corpos são cremados, dentro do universo de 1.800.000 óbitos por ano. Porém, há cinco anos, esse número era um traço, e atualmente apresenta crescimento.

Uma das questões que envolvem a cremação é o que fazer com as cinzas. Uma pesquisa revelou que apenas 18% das pessoas querem levá-las para casa. 60% espargem as cinzas dos falecidos em algum lugar de sua preferência, como uma praia ou um bosque, e 7% acabam deixando as cinzas no próprio cemitério. E há, ainda, as opções curiosas oferecidas por empresas, como "eternizar" as cinzas transformando-as em diamantes – um serviço que já está disponível no Brasil. Há algum tempo, também surgiu uma empresa norte-americana que oferecia espargir as cinzas no espaço sideral.

Aí está uma das críticas de quem é contra a cremação: se você jogar as cinzas, a memória se espalha com elas. Não há um lugar, fixo, onde se pode voltar, rezar, "conversar" com o ente querido que se foi, como acontece no túmulo. Não tem onde colocar flores. Para suavizar ainda mais a imagem da cremação perante o público, resolvemos valorizar a presença, a memória do falecido.

Resolvemos, então, criar uma Sala de Memória – onde as pessoas podem deixar as pequenas urnas, como se fosse um oratório, e colocar fotos, um objeto querido, flores. O enlutado sente que tem um lugar para onde sempre pode voltar – e, fisicamente, matar as saudades de quem se foi. E teremos também um cinerário, um local onde as cinzas ficam guardadas.

Às vezes uma cremação precisa ser feita à noite – também oferecemos esse serviço, para maior comodidade do cliente – e realizamos a cerimônia de cremação em qualquer horário que a família queira. Pequenos detalhes como esse demonstram atenção. São formas discretas de conquistar o cliente.

Como em qualquer ritual importante, cada cultura tem sua própria forma de encarar a cremação. Judeus e muçulmanos a proíbem. Budistas são os maiores usuários. Católicos ficam no meio-termo: já foi um tabu, mas a Igreja não proíbe. De todo modo, é uma prática muito, muito antiga. No século XII a.C., os gregos já queimavam seus mortos, e faziam uma cerimônia. Ao lado da ânfora, como num enterro, colocavam presentes, armas, comida e bebida. Os índios navajos, na América do Norte, destruíam a casa de quem faleceu, queimavam o corpo e iam embora, criando um percurso para despistar possíveis almas no caminho. Na Índia, até hoje, os corpos são cremados em uma pilha de troncos, numa área plana, próxima ao leito do rio e ao templo escolhido. As cinzas são atiradas no Ganges.

Nos Estados Unidos, cerca de 36% dos falecidos são cremados, e é mais comum nos estados com predominância de latinos.

Em todo o mundo, nos últimos tempos, a preocupação com o meio ambiente aumentou o interesse por cremar os corpos, e há quem use argumentos como "mais higiênico". Fato é que ocupa menos espaço – e pode, sim, ser uma cerimônia de grande beleza, imenso significado simbólico.

Cabe a nós, do setor, valorizar essa beleza. Criar novos rituais, ou sugerir, por pequenos gestos, novas maneiras de ver a cremação. Ou um outro jeito afetivo de se despedir. Fui aos Estados Unidos pesquisar sobre cremação no final da década de 90. Lá, eles não tiveram a preocupação com a cerimônia, uma tendência que não seguimos aqui no Brasil. Hoje, nos Estados Unidos, eles tentam corrigir esse equívoco, criar um cerimonial, mas não está fácil mudar uma cultura já estabelecida.

Sempre buscamos atender aos desejos dos familiares e solucionar dúvidas, problemas, o que surgir. Houve o caso de uma senhora que precisava transportar as cinzas de seu marido para Manaus. Ele faleceu em São Paulo, mas a família vivia no Amazonas. Como levar isso no avião? No bagageiro? Colocamos a pequena urna lacrada dentro de uma outra caixa, bonita, coberta com flores. E ela levou as cinzas assim, no colo, no avião, sentindo-se tão próxima de quem amava. Sem que ninguém imaginasse que carregava um falecido nas mãos.

7

A SETE PALMOS

"Nós que aqui estamos
por vós esperamos."
(Letreiro no portal de um cemitério em Paraibuna - SP)

A figura da morte como uma entidade cruel vai aparecer na Baixa Idade Média, mais especificamente durante a crise do século XIV. Havia uma fome generalizada na Europa, e veio a peste negra, que povoou os pesadelos das pessoas a cada quinze ou vinte anos, o tempo de intervalo entre os ciclos epidêmicos. Nunca antes tanta gente havia morrido. Se no começo se tomava o cuidado de sepultar individualmente os mortos, ao longo das epidemias vão surgindo as covas coletivas e muitos corpos ficavam para serem incinerados. É nesse momento que vai surgir a simbologia da morte como um esqueleto munido de foice, gargalhando, assustadora.

A palavra cemitério surgiu do latim *coemeterium*, que veio do grego, a partir do verbo *kimao*, algo como "fazer deitar". Os cemitérios, do jeito que são, datam do século XVII, quando as cidades cresciam, mais gente morria e as capelas e templos não davam mais conta do número de sepultamentos. Daí a ideia de enterrar os corpos a céu aberto. Os túmulos foram se sofisticando, com representações esculpidas de cenas bíblicas. A Fuga para o Egito é uma das imagens campeãs. Outro clássico é a imagem da Pietá, copiada da obra famosíssima de Michelangelo. No Brasil, os cemitérios convencionais tiveram seu auge na Primeira República (1890-1930). O modelo era uma área circundada por muros, com um solene portal de entrada, e o loteamento feito de forma quadriculada, por quadras, ruas paralelas, para facilitar a localização dos túmulos. O primeiro cemitério a céu aberto de São Paulo foi construído no final do século XVIII, onde hoje é o bairro da Liberdade. No centro do terreno ficava a Capela dos Aflitos, e ali eram sepultados os aflitos de fato: indigentes, escravos, supliciados.

Entre os cemitérios mais conhecidos do Brasil está o da Consolação, fundado em 1858, em São Paulo, célebre por abrigar grandes nomes da cultura, da política e da vida pública paulistanas. Dona Domitila de Castro, a Marquesa de Santos, está lá – foi ela, por sinal, quem doou parte do terreno do cemitério à cidade. Também repousam ali Monteiro Lobato, Oswald de Andrade, Mário de Andrade, Tarsila do Amaral, Adhemar de

Barros, entre outros. O cemitério é visitado diariamente por gente que tem fé nos milagres de Antoninho da Rocha Marmo, garoto que morreu aos 12 anos, em 1930 – seu túmulo é forrado de placas com notas de graças atendidas. A própria Marquesa de Santos é venerada ali – há quem recorra a ela por diferentes motivos, especialmente os afetivos. O músico paulista Mário Zan, ilustre devoto de Dona Domitila, está enterrado em frente à Marquesa. Mas o jazigo mais suntuoso da Consolação é o da família Matarazzo – o maior da América Latina: do subsolo ao pico são 25 metros de altura, algo como um prédio de cinco andares. É ornamentado por um conjunto de esculturas em bronze assinado pelo italiano Brizzolara.

Muitos dos turistas que vão a Paris incluem no seu roteiro de passeios o Père Lachaise, o cemitério mais famoso do mundo, que abriga o compositor Frederic Chopin, o pensador do espiritismo Allan Kardec, os escritores Honoré de Balzac, Marcel Proust, Oscar Wilde, as cantoras Edith Piaf e Maria Callas, os atores Sarah Bernhardt e Yves Montand, o dramaturgo Molière, os pintores Modigliani e Delacroix, a bailarina Isadora Duncan, o roqueiro Jim Morrison... Já quem viaja a Buenos Aires tem a chance de homenagear Eva Perón, sepultada no Cemitério da Recoleta, ou Carlos Gardel, que repousa na Chacarita.

Muita gente talvez não saiba, mas vários dos monumentos que visitamos, como turistas, são na verdade túmulos. Tem os óbvios, como o Taj Mahal, mas também há centenas de igrejas, caso da Abadia de Westminster, em Londres, onde estão sepultados Mary Stuart, William Shakespeare, Sir Isaac Newton, Charles Darwin... Em São Paulo, o Obelisco do Ibirapuera é um imenso túmulo, construído em homenagem aos heróis da Revolução Constitucionalista de 1932. Estão lá não apenas os MMDC (Martins, Miragaia, Dráuzio e Camargo), como mais 713 ex-combatentes. E ainda o Monumento do Ipiranga, que abriga o corpo de Dom Pedro I.

Mesmo no nosso cemitério, em Guarulhos, temos mortos célebres, visitados por fãs. O grupo Mamonas Assassinas, banda de rock bem-humorada que faleceu numa tragédia, um acidente de avião em que morreram todos os seus integrantes, em março de 1996, foi sepultado no nosso cemitério. Milhares de pessoas fizeram filas imensas durante o funeral e, por muitos anos, jovens fãs vêm trazendo flores ou presentes. O mais curioso é que, durante muito tempo, recebíamos pilhas de cartas endereçadas aos Mamonas. Difícil imaginar por que as fãs escolhiam o endereço do cemitério para se comunicar. Encaminhamos as cartas aos familiares dos músicos. E há outro fato curioso: um de nossos sepultadores, apelidado de Bonito, acabou se casando com uma jovem fã dos Mamonas que visitava o túmulo diariamente. Estão juntos até hoje e têm duas filhas.

Visitar cemitérios históricos, museus, feiras de rua, conversar com os moradores do lugar, entender a vida cotidiana para compreender a morte. Sempre que eu viajo, seja a passeio, com minha esposa, por exemplo, ou a trabalho, nas convenções, nos encontros, procuro conhecer mais sobre os rituais, as diversidades culturais, quero aprender. Das experiências diárias ou extraordinárias, das viagens, das leituras, tirei lições valiosas para acrescentar ao meu estilo, ao meu trabalho. Gosto de ler sobre história de cemitérios e fatos do gênero, não por curiosidade mórbida, mas porque quero compreender ao máximo tudo o que se refere ao tema do meu negócio. Além disso, meu empreendimento é ecumênico, é importante que eu conheça, também, os mais diversos significados dos rituais, o que é considerado sagrado, o que pode ser gafe, que cuidados devemos tomar.

E sempre aprendo, também, descobrindo curiosidades. É um tema, sem brincadeiras, infinito. Vira e mexe cientistas ou historiadores descobrem coisas novas. Há pouco, li que arqueólogos descobriram um sambaqui no sul de Santa Catarina e constataram que os povos daquela região, muito antes da ocupação europeia, desenvolveram um ritual fúnebre. O corpo, já preparado, era arrumado sobre as conchas e recebia uma camada de terra; acendia-se uma fogueira sobre o túmulo. Por último, cercavam o sepultado com estacas, para proteger o corpo de animais ou intempéries da natureza.

Fato é que a cultura da morte sempre fascinou a humanidade. Deu cara aos movimentos artísticos. Veja o estilo gótico, até hoje tema em livros, filmes, e agora em tantas séries de TV sobre vampiros. Foi criado durante a Idade Média para impor à população o poder da Igreja. Pé-direito altíssimo, torres pontiagudas, abóbadas imensas davam uma dimensão sobre-humana aos poderes celestiais, reduzindo os fiéis à sua insignificância terrena. Vitrais amplificavam a sensação de mistério, de êxtase divino.

O lado mais alegre, no sentido de valorização da beleza, da morte vista como celebração, como passagem para o céu, aflorou no Barroco. Esse movimento artístico e histórico foi criado pelo Concílio de Trento no século XVI, na Europa, como resposta católica às reformas inventadas pelo estoico Martinho Lutero. A missão do Barroco era extasiar. Ofuscar os sentidos. Maravilhar os fiéis. Na música, na arquitetura, nas artes, o Barroco falava de morte como ida aos céus, a beleza da fé com seus rituais, suas promessas, sua assustadora beleza. A fé que diz as coisas quando a gente não sabe dizer. Não é à toa que boa parte dos túmulos ornamentados nos principais cemitérios do mundo exibem imagens barrocas.

O CEMITÉRIO HOJE

E os cemitérios modernos? Como surgem? Qualquer um pode ter um cemitério? Na verdade, cada município tem uma legislação própria que regulamenta essa atividade. De modo geral, é preciso uma licitação para implementar um cemitério. Isso requer um estudo detalhado, a análise minuciosa para entender o que é viável tanto técnica quanto economicamente, a criação de um conceito completo. Começa por um plano de negócios, como o de qualquer empresa que se inicia, com definição do projeto, fluxo operacional, normas, questões ambientais, leis da região, receitas e despesas, regulamento interno, procedimentos, equipamentos, contrato, treinamento de pessoal...

É preciso requerer uma licença ambiental. Aliás, aqui vale um parêntese: muito se discute sobre o impacto ambiental dos cemitérios, e boa parte das conversas não tem embasamento científico. O impacto é muito menor do que se imagina. Pesquisas em vários países já demonstram isso. Na Austrália fizeram um amplo estudo com catorze cemitérios e não encontraram nenhum poluente digno de nota. O cemitério é um reciclador de matéria orgânica. Aqui no Brasil fotografaram o cemitério de Vila Formosa com um líquido que saía da terra, e houve quem se apressasse a dizer que aquilo seria uma prova da deterioração do corpo, o chamado necrochorume.

O líquido de um corpo enterrado leva em torno de 180 dias para sair. Sai aos poucos, em gotas. Cientistas nunca encontraram doenças relativas à proximidade das pessoas com cemitérios.

Depois da licença, tudo feito, entram em cena a gestão comercial, o marketing e o entorno necessário: promoções, material de comunicação etc. O grande desafio, a partir daí, é construir um modelo de negócios e uma filosofia de trabalho completamente integrados e coerentes. Tema que veremos no próximo capítulo.

8

QUEM QUER COMPRAR UM TÚMULO?

Na Bíblia, a morte de Sara, esposa de Abrãao, nos revela uma compra de túmulo, talvez a primeira registrada na História. Abraão queria sepultar sua Sara em Hebrom, e compra, então, a Cova de Macpela de Efrom, pelo preço de quatrocentos siclos de prata. Mais tarde seriam sepultados ali o próprio Abraão, seu filho Isaac e sua segunda mulher, Rebeca. Para adquirir a cova, Abrãao primeiro pediu permissão ao povo do lugar para que sua família pudesse ser enterrada ali. Com uma reputação excelente, não só permitiram como o próprio dono da terra quis presenteá-lo com ela. Mas ele não aceitou – pagou o que valia, sem pechinchar, e mais tarde uma mesquita foi construída sobre o túmulo, ali em Hebrom. Está lá até hoje.

Se há um fato incontestável é que as pessoas vão morrer e ponto. E que em qualquer lugar do planeta é preciso fazer algo com o corpo: cuidar do transporte, do velório, do sepultamento ou cremação. Você pode achar, então, que na minha área não tem crise. Não é exatamente assim: afinal, quem me paga são os vivos. Clientes atrasam o pagamento. Padeço com as crises, como todo empresário.

É nos bicudos tempos de crise que entendemos a nossa capacidade de encontrar soluções rápidas e criativas para as situações. Saber se adaptar. Só para dar um exemplo, na época do Plano Sarney a inflação vivia nas alturas, e os preços sofriam reajustes mensais. Com isso, as vendas caíram. Foi preciso mudar o trabalho das equipes. Nessa ocasião, também começava a preocupação com a segurança e a falta de confiança das pessoas em receber vendedores. Assim, resolvi encerrar o departamento de vendas porta a porta e começar o telemarketing. Foi uma forma coerente de atender às necessidades da clientela e simplificar meu jeito de trabalhar.

Vender, claro, é o cerne do nosso negócio. Pode-se fazer promoções, ou criar benefícios, dependendo de cada situação, e isso surge em momentos imprevisíveis. O fundamental, sempre, é agregar valor ao produto. Construir um modelo de negócio que seja coerente com o conceito da sua marca. No nosso caso, a diretriz construtiva obedece a nossa filosofia: humanização.

É isso que agrega valor ao nosso produto. O cliente tem de se perguntar: quanto vale ter um agente funerário ao meu lado o tempo inteiro, me orientando durante o funeral de uma pessoa querida, me tranquilizando, me ouvindo?

Quando o cliente compra um de nossos planos de assistência, está comprando nosso conceito de humanização e convergência de atuação, ou seja, tem na nossa empresa um serviço completo. O atendimento funerário, o acompanhamento do agente, o velório e o sepultamento ou cremação.

Nossos planos vêm compostos por pacotes que variam conforme o número de benefícios, do mais comum ao mais luxuoso. Agregando mais valor à nossa marca, também passamos a estabelecer parcerias, uma ideia boa para os negócios, boa para os clientes. Com a carteirinha do nosso plano, o cliente tem vantagens em uma rede que cobre o estado de São Paulo e lhe permite descontos em serviços como salão de beleza, lojas e até uma faculdade. Um dos parceiros é a Faculdade Integrada Guarulhos (FIG), que dá desconto ao aluno quando ele já é cliente do nosso plano. Como um *plus*, uma atenção extra, oferecemos, durante os velórios, em todos os tipos de planos, uma caixinha especial com analgésico, lenços de papel, biscoitos, doces, chocolates, itens aparentemente supérfluos mas, nessa hora, tão essenciais.

Sempre buscamos promoções interessantes para a venda dos planos. A mais recente envolvia a indicação de amigos. Quando um cliente do plano indicava um amigo, e esse contato se convertia em venda, quem indicou ganhava de brinde um kit da Natura. O inverso também acontecia: ao ver uma propaganda da Natura, o espectador lembrava da promoção e nos ligava para adquirir um plano. Uma ação puxa a outra. E pegamos carona na propaganda de forma eficaz e saudável.

Até os ambulantes de Guarulhos nos divulgam graças a uma ação simples e eficiente: doamos guarda-sóis do nosso plano funerário, com a imagem da marca. A marca fica na cabeça de quem vê – outra possibilidade de reforçarmos a presença na memória da possível clientela.

Um exemplo de marca que trabalha dessa forma é a Porto Seguro: eles oferecem serviços paralelos que fidelizam a clientela, como kits de lanche para os segurados na hora de atender um carro que quebra, ou o desconto em estacionamentos. Isso vale para todas as marcas: quanto mais formas de criar contato com os clientes, mais a imagem da sua empresa se consolida no mercado.

Todas essas ações atraem a clientela, agregam valor ao nosso produto, geram demanda. Para completar o bolo da reputação da marca, precisamos expressar claramente o conceito do nosso trabalho. Por isso é tão importante investir em imagem. Não basta apenas ter um trabalho consistente, é preciso também comunicar isso. Antigamente comunicar significava fazer um anúncio para vender mais e pronto. Anos atrás, quando eu comecei, havia a propaganda que mais direta, impossível. Lembro de um comercial de TV antigo, com o galã de novelas da década de 1970, Carlos Eduardo Dolabella. Ele falava num telefone de fio comprido, conversando sobre a importância de comprar um jazigo. "Todo mundo sabe que vai morrer", dizia. Era uma propaganda de um cemitério em São Bernardo do Campo.

Bem mais recentemente, me divirto lembrando das campanhas do Sinaf, uma empresa funerária do Rio de Janeiro. Bem-humorada, vende seguro funeral com slogans com aquele deboche que só carioca faz. São frases brilhantes no quesito chamar a atenção: "Nossos clientes nunca voltaram para reclamar", ou "Cremação: uma novidade quentinha do Sinaf"; "O seguro de vida que você vai dar graças a Deus. Pessoalmente". A última deles: "Se beber, não dirija. Se dirigir, Sinaf". É sensacional, mas só funciona no Rio de Janeiro, que curte esse humor. Em outros lugares, seria massacrada com argumentos politicamente corretos.

No nosso caso, não pensei em propaganda. Queria vender uma imagem consistente, coerente, cuidar da comunicação de uma forma completa. Então resolvemos contratar uma assessoria de imprensa para criar uma comunicação integrada, que cuida do relacionamento com nosso público interno e externo, e não apenas envia *releases* ou promove eventos. É uma parceria que começou em 2004 e sempre nos surpreende.

Começamos com o lançamento do Crematório Primaveras. Na ocasião, sentimos que era importante divulgar o empreendimento. Mas como aparecer na mídia? Como sermos descobertos? A jornalista Priscila Sérvulo nos foi indicada para fazer a divulgação da inauguração, com ótimas referências de profissionalismo e criatividade, o que era fundamental para esse trabalho. No dia 2 de novembro de 2004, Finados, estampamos uma página inteira do jornal *Folha de S. Paulo* (dividindo uma parte com um anúncio).

Foi, realmente, uma grande estreia. Nos dias seguintes, de acordo com a estratégia de divulgação, conquistamos outros importantes veículos, como a revista *Veja São Paulo* e os jornais *O Estado de S. Paulo*, *DCI* e *Gazeta Mercantil*, com direito ao desenho de bico de pena do empresário que inventava aquela cerimônia de cremação em que a urna "subia ao céu".

Ao longo desses anos, a Assessoria de Comunicação ajudou a fortificar a nossa imagem junto ao público externo, sermos mais reconhecidos, mais lembrados, mais procurados, e também junto ao público interno. Nem imaginávamos, mas uma boa estratégia de comunicação também se reflete positivamente na relação com os funcionários.

Esse trabalho rendeu reconhecimento e um prêmio nacional. Em 2007, em concurso promovido pela Abracom (Associação Brasileira das Agências de Comunicação), Priscila inscreveu sua agência, PS Comunicação, com o tema "Um crematório na mídia: como dar vida a um assunto tabu". Com orgulho, recebemos a notícia de que foi escolhido o *case* do ano em assessoria de imprensa.

Também em 2007, quando começamos o planejamento do dia de Finados, nossa assessora chegou com mais uma de suas ideias: fazer um Finados noturno, assim como no México (que tem sua famosíssima Festa de Los Muertos). Inovamos o conceito da data também no Brasil. Buscamos o comprometimento dos funcionários e eles também se animaram com a novidade, trabalharam com entusiasmo. Em nosso primeiro evento noturno, tivemos um conjunto de *mariachis* tipicamente mexicanos, velas, bênção ecumênica e biscoitos da saudade desenvolvidos especialmente para a data.

Em 2009, a "Noite das Luzes" ganhou novo contorno, com um grupo teatral que representou uma bela homenagem por meio de música e de poesia. Ao final, os cerca de 400 presentes, emocionados, disseram ter vivido o evento como uma celebração à vida. Nessas ocasiões, continuamos atentos ao acolhimento e à atenção aos nossos clientes: oficina com as crianças para amenizar o luto infantil, palestra com as psicólogas sobre a dor da perda, sempre uma atração musical (harpista, saxofonista), e uma bênção ecumênica.

É a humanização agregando valor ao nosso produto. É o conceito que fica na memória da nossa clientela e faz nosso diferencial.

9

O CÉU QUE NOS PROTEGE

"Quando eu morrer, me enterre na Lapinha/calça,
culote, paletó almofadinha"

("Lapinha", samba de Baden Powell e Paulo César Pinheiro)

Afinal, uma empresa funerária é um bom negócio? Acredito que sim. Antes de tudo, há o fator indiscutível: pessoas morrem. 0,7% da população brasileira morre por ano. O setor, como mostramos neste livro, cresce a cada ano. Minha história só vem comprovar isso. E há muito mais a explorar: mercados paralelos, que ampliam a capacidade de gerar negócios, e o segmento de prestação de serviços sempre favorece ideias criativas. A saída é ajustar o foco na clientela e entender as necessidades dela. Criar demanda para o seu consumidor, Saber agregar valor ao produto que você tem para oferecer.

No nosso caso, o maior problema ainda é a imagem do segmento. Morte, enterro, tudo isso vem cercado de tabus. Mas basta um olhar atento para enxergar além, perceber como é grande esse mercado. E como há facetas dele que muita gente ignora e que podem ser lucrativas.

Vou dar um exemplo: há uma infinidade de produtos que podem ser oferecidos às empresas funerárias, aos crematórios, aos cemitérios, mas muitos comerciantes não se dão conta disso. Papel higiênico. Toalhas de papel. Material de limpeza. Copos descartáveis. Sacos de lixo. Imagino que em outros estabelecimentos, como bares, restaurantes, empresas, lojas, escritórios, oficinas, os vendedores de papel, sabão, detergente, café, filtros de água, material de papelaria, vão até lá e oferecem seus produtos. Jamais pensam em visitar um cemitério, um velório, um crematório, que consomem centenas de rolos de papel, sabões, toneladas de material de limpeza, pó de café, litros de água, todos os dias. Cadê fornecedores para nos oferecer isso?

Por que uma papelaria não pode nos procurar? Usamos cartões, envelopes, imprimimos textos. Refiro-me aos produtos complementares, que não são do nosso mercado, mas podem ser direcionados a ele. E existem produtos que podem ser desenvolvidos especificamente para o nosso mercado interno. Algum fornecedor poderia ter criado, por exemplo, uma nova opção de caixa de exumação dos ossos, sem que os empresários do setor precisassem ir atrás. Explico: quando um cliente meu compra um túmulo, e tem parentes enterrados em outros cemitérios, pode querer que fiquem todos juntos num único lugar. Ou então o cliente vai mudar de estado, de país, e quer que seu parente ou esposa esteja enterrado num cemitério próximo, para que ele possa visitar com frequência. Outra possibilidade, mais comum, é a de retirar os ossos do falecido para dar espaço a outros. Em qualquer destes casos, é preciso exumar o corpo, ou seja, retirar o que está enterrado (apenas ossos) e transportar esses ossos para outro lugar. Eles são acondicionados numa caixa, que será reenterrada. A caixa, portanto, deve ser resistente. Antigamente usávamos uma caixa de cimento, mas ficava pesada demais, era um problema quando iam buscá-la. Demorou a surgir uma nova solução. Nós, empresários do setor, fomos atrás de algum fabricante que quisesse investir nesse mercado. Agora, temos uma caixa de um plástico bem leve.

Fica a sugestão para quem quiser pensar em novas ideias para o segmento. De vez em quando brotam novidades na linha "como ninguém pensou nisso antes?". É o caso do carrinho elétrico que transporta a urna, dentro do cemitério, da sala de velório ao túmulo onde ele será sepultado. Não faz barulho. Não solta fumaça. O primeiro que pensou nisso teve uma sacada genial – e óbvia, como costumam ser as sacadas geniais.

Pode acontecer aí a sua ideia. Ou pode ser uma outra forma de trabalho, que nada tenha a ver com o segmento funerário. Comecei este livro anunciando que esse setor tem, sim, muito a ensinar para empresas de qualquer outro segmento. A história que contei revela isso. Seja qual for a sua área de atuação, importante é abrir olhos e ouvidos. Ouvir seu cliente, entender o que ele precisa, e ajustar o foco da sua promessa de produto. Olhar ao redor, buscar o seu diferencial e criar uma imagem consistente. Ter coerência com a gestão do seu negócio e o conceito que você quer passar. Isso constrói sua reputação. E a história tem tudo para ser um sucesso.

Sim, de cinco funcionários em um cemitério, como era no começo, pulamos, em 38 anos, para 150 funcionários em dois cemitérios, um crematório, três funerárias e dois planos funerários. Humanização como filosofia, convergência de atuação como o caminho do setor: duas ideias que se complementam e sintetizam todo um projeto de vida que é o Grupo Primaveras. Não é à toa que eu e a Dora enxergamos potencial naquele terrenão de Guarulhos no comecinho da década de 1970.

Visite nosso site e conheça estes e outros lançamentos

www.matrixeditora.com.br

O ano em que só nós tivemos lucro
Autor: Alexandre Camargo
Este é um livro que interessa tanto aos ex-funcionários e àqueles que já voaram pela Varig, pela Rio-Sul ou pela Nordeste quanto àqueles que querem saber mais sobre um importante momento da aviação brasileira. A riqueza de informações e o texto envolvente vão interessar também aos que gostam de um bom *case* de marketing, de iniciativas empresariais ousadas e de conhecer os bastidores de uma grande corporação.

Botando a casa em ordem
Autor: Max Sussol
Manter a casa em ordem vai muito além de uma simples faxina e colocar as coisas nos armários. Ainda bem que este livro chegou para facilitar a sua vida. *Botando a casa em ordem: dicas de organização, limpeza e cuidados* reúne centenas de dicas e truques que irão facilitar bastante seu dia a dia em meio a tantas tarefas. Uma obra para ter sempre à mão e consultar a todo momento.

A fórmula de cálculo da beleza
Autores: Robert Tornambe e Karen Moline
O doutor Robert Tornambe desenvolve aqui a noção de Quociente de Beleza (QB) e defende que a cirurgia plástica não é o único caminho para alguém se sentir e parecer bonito. Neste livro você vai aprender que é a interação entre elementos como a maquiagem, as roupas, os cabelos e a postura que determina, de certa forma, a beleza de uma pessoa – e não algumas características físicas isoladas. Saiba como realçar seus pontos fortes e disfarçar os fracos para elevar seu Quociente de Beleza.

Descubra o ídolo que existe em você
Autor: Marco Camargo
Utilizando suas famosas frases dirigidas aos candidatos do programa *Ídolos*, Marco Camargo faz um paralelo entre o mundo da música e o do restante dos mortais. Em cada capítulo você encontra lições fundamentais para alcançar o sucesso, seja na vida artística, seja em qualquer outra área ou mesmo no dia a dia.

editoraurbana